Sabine Grüneberg

Alles nur eine Phase

DAS BUCH

Selbstironisch, witzig, niemals kitschig: Die Grünebergs! ELTERN-Kolumnistin Sabine Grüneberg berichtet aus ihrem Alltag mit Familie: Das sind Papa Charlie (der im Gegensatz zu seiner Frau über geheime Zeitreserven zu verfügen scheint), Töchterchen Marlena (die ihre Mutter mit ihrer Hello-Kitty-Sucht in den Wahnsinn treibt) und die Söhne Laurin (der ein Meister darin ist, sich um seinen Spülmaschinendienst zu drücken) und Jonas (der langsam in die Pubertät kommt – Sie wissen, was das heißt). Der ganz normale Wahnsinn eben, mit hohem Wiedererkennungswert. Regiert bei Ihnen auch hin und wieder das Chaos? Keine Sorge – Sie sind nicht allein!

DIE AUTORIN

Sabine Grüneberg studierte in München Politik, Kommunikationswissenschaft und Soziologie und ging als Absolventin der deutschen Journalistenschule zunächst zum *Handelsblatt* nach Düsseldorf. Nach einer weiteren Station bei 3sat/ZDF kam sie zur Zeitschrift ELTERN. Dort war sie acht Jahre Redakteurin für die Themen Kind und Beruf, Familienpolitik, Qualität der Kinderbetreuung und frühkindliche Entwicklung. Seit der Geburt ihres dritten Kindes arbeitet sie als freie Autorin für unterschiedliche deutschsprachige Medien (u. a. ELTERN, ELTERN FAMILY, *Süddeutsche Zeitung*, CHRISMON, *Brigitte*). Außerdem berät sie Wirtschaftsunternehmen und Verbände im Bereich der Kinderbetreuung und Work-Life-Balance.

Sabine Grüneberg

ALLES NUR EINE PHASE

Meine Familie und ich gegen den Alltag

FREIBURG · BASEL · WIEN

HERDER spektrum Band 6728

MIX
Papier aus verantwortungsvollen Quellen
FSC® C083411

Originalausgabe

© Verlag Herder GmbH, Freiburg im Breisgau 2014
Alle Rechte vorbehalten
www.herder.de

Lizenz der Marken ELTERN und ELTERNfamily
Durch Gruner + Jahr AG & CO KG
Alle Rechte vorbehalten

Illustration und Umschlaggestaltung: Daniel Balzer / www.dbsign.de
Umschlagmotiv: Fotos der Familie Grüneberg © Michela Morosini

Satz: Arnold & Domnick, Leipzig
Herstellung: CPI books GmbH, Leck

Printed in Germany

ISBN 978-3-451-06728-0

FÜR CHARLIE,
den geduldigsten und verständnisvollsten Menschen
an meiner Seite

FÜR MEINE KINDER,
die auch viel Verständnis aufbringen
und ansonsten dafür sorgen, dass mein Leben
großartig lebenswert ist

Inhalt

ANFANGSPHASEN 11

Alles nur eine Phase · Oxytocin · Baby bekommen, Gedächtnis verloren · Schlafen I: Schlimmer geht immer · Kinderarztbesuche · Essen I: Tiere bei Tisch · Herdentrieb · Supermütter · Mütter-Hobbys · Shopping mit Kind · Muttitasking

FREMDELPHASEN 45

Väter und Zeit · Mütter und Zeit – Charlies Antwort · Aufopferungsgene · Weihnachten ist relativ · Hello-Kitty-Hass-Club · Morgenwahnsinn · Balla-Balla · Verreisen mit Kind · Binde-Entzündung · Vater-Tochter-Beziehung

EXPERIMENTIERPHASEN 79

Erziehungsweisheiten · Sauber werden · Homöopathie · Weihnachtswahnsinn · Schlafen II: Immer einer zu viel im Bett · Naturgesetze · Essen II: Meckern statt essen · Kindergeburtstage · Schuld sind immer die Eltern · Kleine Langfinger · Kinderhotels

TROTZPHASEN 115

Schokolade · Gelassenheit · Restaurantbesuche ·
Putzen · Medienerziehung · Kindergeburtstags-
einladungen · Die Haustierfrage · Joghurt-Tage ·
Heiraten · Das Jugendamt ist überall · Mütterdialoge

LERNPHASEN 151

Denk doch mal an dich · Fruchtbarkeitsfragen ·
Basteln · Nikolaus · Feste · Schwimmen lernen ·
Hausteufel – Gassenengel · Jungsmütter –
Mädchenmütter · Geschwisterliebe · Schulreife ·
Eltern versus Kein-Kind-Paare

Vorwort

Sie halten sich für normal? Dann haben Sie keine Kinder. Denn mit Kindern ist nichts mehr normal. Es ist größer und weiter, lustiger und lauter, anstrengender und manchmal schmerzt es auch ein wenig: Das Kindergroßziehen.

Seit nun vier Jahren schreibe ich Kolumnen übers Elterndasein, am Beispiel meiner Familie. Zu ihr gehören: Marlena (mittlerweile 5 Jahre alt), Laurin (gerade 8 geworden), Jonas (14) und mein Mann Charlie (so jung wie am ersten Tag). Dieses Buch ist auf vielfachen Leserwunsch entstanden. Enthalten sind in ELTERN erschienene, ergänzte, aber auch neue, unveröffentlichte Geschichten rund um den ganz normalen Familienwahnsinn. Und ich hoffe sehr, dass ich ein wenig dazu beitragen kann, das ganze Eltern-Kind-Ding mit Humor zu nehmen.

Denn ernst ist Elternsein von ganz allein. Als ich selbst zum ersten Mal Mutter wurde jedenfalls, nahm ich meine neue Rolle sehr ernst. Ich war damals sehr jung und umgeben von Menschen, die ihre Rolle als Eltern ebenfalls sehr ernst nahmen. Sie impften mich mit Literatur von Leboyer bis Remo Largo. Sie erklärten mir die Vorzüge von Tragetuch und Familienbett. Sie wollten zur Geburtstagseinladung ihrer eigenen Kinder keine Hörspielkassetten, aber Spielzeug aus Holz geschenkt bekommen, was mich bei einem erwünschten Arztkoffer zwei Tage Suchen und 59 Euro kostete. Ich war fest entschlossen, es bei meinem Kind auch »richtig« zu machen und sog diese neue Welt in mich ein. Zur Geburt bekamen wir Kuschelschafe aus Naturschurwolle und das herzliche Angebot, »jederzeit um Rat fragen zu können«.

Was wir nicht bekamen: das Gefühl, es schon irgendwie hinzukriegen. Das Vertrauen, dass Kinder groß werden, auch ohne unser ständiges Zutun. Dass Elternsein keine Wissenschaft ist, sondern eine Anhäufung von experimentellen Phasen, die manchmal gut ausgehen und manchmal in emotionalem Desaster enden. Es dauerte eine Weile, bis ich das begriffen hatte. Und als ich so weit war, schwor ich mir eines: Wenn ich selbst jemals die Gelegenheit bekäme, frischen Eltern etwas mit auf den Weg geben zu dürfen, dann das: Nehmt es mit Humor.

Ich bin überzeugt, mit weniger Ernst würden wir Eltern vieles »richtiger« machen. Der Erfolg von *Die Grünebergs* ist darauf begründet. Sobald wir unsere Unzulänglichkeiten und die unserer Kinder zugeben, fliegen uns die Herzen entgegen. Und mehr Spaß macht es obendrein. Den wünsche ich Ihnen nun mit der Lektüre!

ANFANGSPHASEN

Das Leben ist eine Phase. Eltern wissen, wovon die Rede ist. Es gibt die Nichtschlaf-Phase und die Schreiphase. Es gibt die Fremdelphase und die Trotzphase. Schon in den ersten Tagen des Wochenbetts erfahren Mütter und Väter aus einschlägiger Literatur oder auch von es »gut meinenden« Schwestern und Hebammen: Die Meilensteine der Entwicklung finden nicht ohne eine vorherige »schwierige« Phase statt. Ihr Kind spielt verrückt? Alles, was bisher funktionierte, kann man sich schenken? Keep cool, heißt es dann, ist alles nur eine Phase! Motorische Entwicklung, Sprache und Sozialfähigkeit sind angeblich ohne Phasen gar nicht möglich!

Die Eltern müssen da durch. Und dürfen nicht schlafen und müssen mit der neuen Welt fremdeln und sich wundern und manchmal auch schreien und trotzen. Man macht das schließlich alles zum ersten Mal. Parallel zu den Phasen des Kindes entwickeln nämlich auch Eltern Phasen! Elterliche Stoa, Erziehungskompetenz und die Fähigkeit zu schimpfen sind ohne Phasen gar nicht möglich! Gerade am Anfang sind die Entwicklungsfortschritte von Eltern atemberaubend. Nie wieder im Leben gedeihen Eltern so rasch wie im ersten Jahr.

Alles nur eine Phase

Ich habe da eine Theorie. So wie jedes Kind seine Phasen durchläuft, gibt es auch bei uns Müttern und Vätern Phasen. Ich brauchte drei Kinder und ein Patenkind, bis ich das begriff. In Phase Eins (ca. erster bis dritter Lebensmonat) beispielsweise legen Mütter eine beeindruckende Sensibilität für Längen an den Tag. Größen einzuschätzen war früher nicht Ihr Ding? Ich schwöre, in Phase Eins sind Sie auf einmal in der Lage, die Größe 50 von 56 per Augenmaß zu unterscheiden, ohne die ohnehin vagen Angaben auf dem Nackenzettel zu bemühen. Außerdem haben frischgebackene Mütter die Fähigkeit, überdimensionale Binden auf Netzunterhosen so zu platzieren, dass sie nicht verrutschen, und pflegen zudem ein ausgesprochen intensives Verhältnis zu Großpackungen in Drogeriemärkten.

Was Eltern noch so lernen?

In Phase Zwei entwickeln sie eine auffällige Affinität zu Zahlen: Sie beginnen vor jeder Autofahrt panisch ihre Habseligkeiten zu zählen, nachdem sie letztens im Parkhaus das Vorderrad des Kinderwagens stehen gelassen haben. Kein Witz! Mir passiert!

Oder: Sie können sich zwar an die Nummer ihres Friseurs nicht mehr erinnern, wissen aber die des Kinderarztes im Schlaf.

Und sie wissen: Genauigkeit ist für Eltern eine nicht zu unterschätzende Kompetenz. Schon minimalste Unterschiede können über das familiäre Allgemeinbefinden entscheiden: 25 Sekunden in der Mikrowelle sind das Maximum für ein

Spinatgläschen, wenn man sich die Finger nicht verbrennen, das Essen aber auch nicht zu kalt servieren will. Pastinake dagegen braucht 30.

Doch lassen Sie uns über Phase Drei sprechen: den Nestperfektionismus. Sobald ein Baby einen irgendwie gearteten Rhythmus hat, verfallen Mütter in Aufräumwahn: Das Baby schläft und anstatt sitzen zu bleiben und zu schlafen oder auszuruhen, beginnt man die Wohnung herzurichten. Das ist menschlich, schließlich will man gerne, dass das Wohnzimmer aussieht wie ein Wohnzimmer, wenn man sich auf der Couch niederlässt. Also legt man die Babydecke heute zum dritten Mal zusammen, räumt das Spielzeug zum x-ten Mal zurück in die Kiste. Die Babydecke auf dem Sofa ablegen? Geht noch nicht, dort hat der Gatte genächtigt. Also erst noch das Bettzeug zurück ins Schlafzimmer, wo man auch gleich noch die Betten macht. Auf dem Weg durch den Flur fällt einem die volle Garderobe auf: Man räumt überflüssige Jacken in den Schrank, selbiges gilt den Schuhen. An der Haustür stehen die Pfandflaschen, die in den Keller müssen. Dabei kann man ja noch schnell den Müll raustragen. Die Küche? Eine Katastrophe aus sterilisierten Gläschen im Abtropfgitter und den Resten vom Abendessen, die noch nicht in die Spülmaschine können, weil sie keiner ausgeräumt hat. Man zwingt sich, das alles zu ignorieren, fällt bei der Rückkehr ins Wohnzimmer aber fast über den vollen Wäscheständer, nimmt gegen das schlechte Gewissen wegen der Küche schnell noch die Wäsche ab, bevor man erschöpft auf die Couch sinkt. Drei Sekunden später schreit das Baby zur nächsten Stillmahlzeit.

Völlig absurd? Sie sagen es. Aber Mütter machen das. Das Gute: Die Phase geht vorbei.

Was darauf drei Jahre später folgt? Das Wohnzimmer sieht immer noch nicht aus wie ein Wohnzimmer: Überall liegt das Spielzeug verstreut, und keiner räumt es zurück in die Kiste.

Auf der Couch liegt immer noch Papas Bettzeug von letzter Nacht, weil mittlerweile zwar alle Familienmitglieder wieder durchschlafen, aber keiner mehr sein Geschnarche erträgt. Die Garderobe ist weiterhin ein Knäuel aus Wintermänteln, Matschhosen, Frühlingsjacken, Schals, Mützen und Handschuhen, die jetzt im Mai übrigens endlich in den Keller könnten. Das Erscheinungsbild der Wohnung ist, so gesehen, zwar dasselbe. Aber: Man kann einfach daran vorbeigehen! Genauso wie an der Küche, einer Katastrophe aus gespültem Geschirr im Abtropfgitter und den Resten vom Frühstück, die noch nicht in die Spülmaschine können, weil sich der Sohn wieder mal erfolgreich um seinen Spülmaschinendienst gedrückt hat. Man unterwirft sich der neuen Ordnung und lernt, sie zu akzeptieren. Ich für meinen Teil würde da durchaus von einem Entwicklungssprung sprechen. Ich werde zwar wegen der Pfandflaschen an der Tür heute Mittag vermutlich einen Wutanfall bekommen, wenn Jonas sie den dritten Tag ignoriert, obwohl sie seine Aufgabe sind. Und ich werde mich ein bisschen schämen, dass die Betten der Kinder heute wieder nicht gemacht wurden. Aber alles in allem kann ich mit meinem Antiperfektionismus mittlerweile leben.

Wie man diesen Entwicklungssprung nennt? Stoische Phase.

Sie ist hart erarbeitet und so was wie der Olymp in der Elternentwicklung. Doch bis man dorthin kommt, braucht es … sagen wir es so: Erfahrung.

Oxytocin

Wenn man gerade ein Baby bekommen hat, ist man ein bisschen wie auf Droge. Glücksbeseelt sitzt man mit seinem Kind im Tragetuch am Frühstückstisch bei Fencheltee und »Mozart for Babys« und überlegt sich Dinge wie: »Die Wand hinter dem Fernseher könnte ein wenig Ocker vertragen. Oder Maigrün.« Und das trotz Schlafentzug und wachsendem Chaos in der Wohnung. Das liegt am »Kuschelhormon« Oxytocin, ein geiles Zeug!

Davon beflügelt kann man stundenlang verzückt zwei Zentimeter lange Fingerchen betrachten und studiert Hautfältchen, als wären sie die Betriebsanleitung der neuen Waschmaschine. Unter Einfluss dieses körpereigenen Opiats postet man auf Facebook Sinnfreies wie »Eine Runde mit dem Kinderwagen« oder »So süß, sie macht Blubberbläschen!« und bringt sein Handy mit zu vielen Fotos des immer selben Motivs an den Rand seiner Speicherkapazität. Und man heult. Ausgiebig und zu jeder Gelegenheit: Wenn die Schwägerin ein Päckchen mit liebevoll in Seidenpapier eingewickelten Bodys schickt, wenn in den Nachrichten Bilder von hungernden Kindern gezeigt werden oder wenn man Zeilen wie diese ließt: »Für die Welt bist du irgendjemand, doch für uns bist du die ganze Welt.« Schluchz. Mütter im bewusstseinsveränderten Neugeborenen-Zustand fühlen sich ein bisschen wie in »Strawberry Fields Forever« und sind enttäuscht, wenn kinderlose Freundinnen diskret auf Abstand gehen.

Selbst der eigene Ehemann ist befremdet: »Frauen sind Hormonmonster«, seufzt Charlie resigniert und lässt sich erschöpft aufs Sofa fallen. Er hatte einen langen Tag und nein, er möchte jetzt NICHT selig an der Wiege stehen und mit mir gemeinsam dem Atemrhythmus unserer Tochter lauschen. Ich verstehe ihn nicht und heule ein bisschen. Gibt es etwas Spannenderes als dieses kleine Wunder? »Wie schaffst du das nur mit so wenig Schlaf?«, sagt er müde und gähnt. Noch wird er nachts bei jeder Stillmahlzeit von Marlena wach. Aber das wird sich erfahrungsgemäß ändern. In einigen Wochen wird er morgens nur noch fragen: »Und, wie oft kam sie heute?« Zumindest bei den Jungs war das so. Vorläufig jedoch ist meine psychodelische Stimmung auf dem Höhepunkt. Es ist Woche drei nach der Geburt und ich schwebe (noch) auf Wolke sieben. Es ist die Zeit der »ersten Male« und ich könnte die Welt umarmen.

Gleichzeitig macht Oxytocin aber, wie man weiß, auch ein bisschen aggressiv. Was ich im Supermarkt unter Beweis stelle: Eine ältere Dame hinter mir an der Kasse säuselt in die Babyschale hinein: »Ach wie niedlich, der ist aber ganz frisch!« Auf das Laufband hat sie zwei Tütensuppen, Kaffee, Kirschpralinen und eine 1000 ml Flasche Doppelkorn geladen. Ohne zu fragen grapscht sie nach Marlenas Händen und will ihre runzeligen Finger ins Fäustchen schieben. Ich gebe meinem Einkaufswagen einen Stoß und knurre bedrohlich: »ER ist eine SIE. Lassen Sie mal Ihre Finger weg von meiner Tochter!« Dazu denke ich noch: Hast du deine inkontinenzverseuchten Finger nach dem letzten Klogang überhaupt gewaschen? Das sage ich aber nicht laut und im Normalzustand würde ich mich für solch primitive Gedanken schämen. Aber ich stehe ja unter Drogeneinfluss. Ich nehme mir vor, nach dem Bezahlen gleich noch mal reinzugehen und Desinfektionstücher zu kaufen. »Ist ja gut«, sagt die Frau, »man wird doch wohl mal gucken dürfen.« »Gucken ja, grapschen nein«, erwidere ich schnippisch und rausche mit meinem Wagen ab, ohne mein Verhalten auch nur zu überdenken. Wie gesagt, meine kognitiven Fähigkeiten sind durch die Überflutung des Stirnhirns eingeschränkt.

Zwei Wochen später ist mein Trip vorbei. Genervt rufe ich Charlie bei der Arbeit an. »Ich bin müde, ich bin ausgelaugt und deine Kinder brüllen. Alle drei. Du musst nach Hause kommen. Jetzt gleich.«

»Alles klar«, sagt er nur. »Biste wieder normal? Halte durch, ich mach heut früher Schluss.«

Baby bekommen, Gedächtnis verloren

Stillen macht blöd. Mich zumindest. Meine grauen Zellen haben das Arbeiten eingestellt. Absolute Funkstille. Vielleicht ist mein Hirn ja in den Busen gerutscht. Mein Gedächtnis klebt in Form von gelben Zetteln an der Wohnungstür: »Haustürschlüssel?!?!«, »Herd?!?!«, »Handy dabei?!?!«, »Laurin dabei?!« Und an der Küchentür: »Milch und Brot kaufen«, »Bücherei!«, »Jod heute schon genommen?«.

Meine beste Freundin Anja meldet sich am Telefon schon gar nicht mehr mit Namen, wenn sie meine Nummer im Display sieht, sondern fragt amüsiert in den Hörer: »Und, was hast du heute vergessen?« Dazu muss man zwei Dinge wissen. Erstens: Ich rufe Anja immer an, wenn ich verzweifelt bin. Sie kennt meinen Haushalt wie den ihren und hat mir mit ihren Geistesblitzen schon in diversen aussichtslosen Situationen geholfen. Beispielsweise »fand« sie Laurins überlebenswichtigen Schnuller wieder, den sie richtigerweise am Schlüsselbrett vermutete. Meinen Autoschlüssel hatte ich dafür auf den Wickeltisch neben das Nachtzeug gelegt.

Zweitens war auch Anja bei ihrem ersten Kind vergesslich. Sie verlegte ihren Geldbeutel und suchte ihn fünf Tage lang. Als das Bankkonto gesperrt, die Versicherungskarte neu beantragt und die Kundenkarten gedanklich abgeschrieben waren, tauchte er wieder auf: im Gefrierfach. Dafür fand sie verschimmelte, triefende Tiefkühlerbsen in ihrer Handtasche, was nur verstehen kann, wer weiß, dass Handtaschen von Müttern kaum noch benutzt werden. Sie laufen ja immer mit der Wickeltasche herum. Anja erzählt diese Geschichte gern jeder Schwangeren und Bald-Schwangeren zur Abschreckung.

Aber das ist nichts gegen meine Geschichte von vergangener Woche. In der Früh war Isabell, unsere Nachsorgehebamme, bei uns. Sie hatte Marlena gemessen und gewogen, mich versorgt und wollte die Kompressen in den Mülleimer werfen. Dort waren jedoch keine Mülltüten. Sie fragte, wo ich sie aufbewahre und – was soll ich sagen: Ich hatte es vergessen. Gemeinsam fanden wir sie in der Schublade unter dem Herd. Glauben Sie nicht? Es kommt noch schlimmer. Nachdem Isabell gegangen war, sprach mich die Nachbarin an, ob ich schon wieder im Stande sei, auf einen Kaffee bei ihr vorbeizukommen. Sie hatte zwei Tage zuvor Geburtstag. Wir wohnen seit sechs Jahren nebeneinander und ich schwöre, früher konnte ich mir nicht nur die Geburtstage der Nachbarschaft und meiner Kollegen in der Arbeit merken, ich hatte auch alle Durchwahlnummern im Kopf. Doch weil jede Stillmahlzeit dieses kleinen Wesens an meiner Brust mindestens 1400 Zellen im Hippocampus zu vernichten scheint, hatte ich während des Gesprächs den Namen meiner Nachbarin vergessen! Ich war so geschockt von mir, dass ich krampfhaft zu vermeiden versuchte, ihren Namen zu nennen. Damit war ich so beschäftigt, dass ich überhaupt nicht mitbekam, wie sie sich verabschiedete. Glauben Sie immer noch nicht? Geht weiter.

Danach wollte ich aus dem Haus, um Milch und Brot zu kaufen. Bis man drei Kinder in die Gänge bekommt, dauert es ein Weilchen. Und wer schon mal gestillt hat, weiß: Die Uhr tickt. In zwei Stunden müssen alle wieder zurück sein. Die nächste Mahlzeit ruft. Zwei Stunden – wenn es gut läuft. Also hektisch Einkaufszettel (ja, auch für nur zwei Dinge brauche ich einen gelben Zettel) abgepflückt, Kind eins den Kinderwagen holen geschickt, Kind zwei aufs Klo gesetzt, Kind drei das Jäckchen übergestülpt (habe ich Geldbeutel, Hausschlüssel …

wo ist denn nun der Einkaufszettel?). Kind in den Kinderwagen gelegt, Kinderwagen aus dem Flur bugsiert, dabei noch das Mützchen aus der Schublade links oben geangelt, den Großen gebeten, die Tür zuzuziehen. Auf dem Straßenabsatz vor unserem Haus spürte ich die Blicke von Jonas in meinem Rücken.

»Mama?!«

»Was ist denn noch?«

»Äh, willst du SO gehen?«

Ich sah in sein völlig verdattertes Gesicht und blickte an mir herunter. Nun ja. Ich stand da in Unterhose und Strümpfen. Kein Scherz. Die Hose lag noch im Schlafzimmer.

Jetzt habe ich einen weiteren Zettel an meiner Haustür kleben: »Angezogen?!?!« Charlie glaubt, der Zettel stünde für Mütze, Schal etc. der Kinder. Ich habe ihm das wahre Ausmaß meiner Demenz verschwiegen. Damit ich nicht noch mehr vergesse, habe ich eine Großpackung dieser gelben Wunderblöckchen angeschafft. Wo ich den Kugelschreiber hingelegt habe? Puh. Keine Ahnung.

Schlafen I: Schlimmer geht immer

Hopsen Sie noch oder schlafen Sie schon?
 Eltern tun manchmal Dinge, die seltsam sind. Am Anfang nicht nur manchmal, sondern sehr oft. Wir zum Beispiel sind gehopst. Auf einem lila Gymnastikball. Abends um zehn, nachts um halb eins. Und morgens um vier. In den Schlaf. Besser gesagt, in den Schlaf unseres Sohnes. Um ihn zur Ruhe zu bringen, bedurfte es eines ganz bestimmten Arrangements. Die erste Hürde war, sich selbst mit Kind auf dem Arm so auf dem Gymnastikball zu platzieren, dass keiner ins Rutschen kam – bei Plastik auf Fischgrät-Parkett keine Leichtigkeit. Als Nächstes deckten wir Jonas mit einem Tuch ab wie einen Kanarienvogel. Zwar fing er beim Anblick des Tuches schon an zu jaulen, doch das Teil zeigte jedes Mal seine Wirkung und das Kind nickte nach wenigen Minuten unter dem Zelt ein. Die Kunst bestand folgend darin, den richtigen Hops-Rhythmus zu finden, sodass das Kind tief genug einschlief, die Nachbarin in der Altbauwohnung darunter aber nicht aufwachte. Hatte man Glück, schlief das Kind nach einer Viertelstunde so fest, dass man vorsichtig den Rhythmus verlangsamen und schließlich zum Stillstand kommen konnte. Dann der Höhepunkt im Schlaf-Drama: Zusammen mit dem Kind ins Schlafzimmer schleichen, dabei die dritte Diele von links auslassen (sie knarzt!), in Zeitlupe, das Kind immer noch auf der Brust, ins Bett sinken (vergiss deine Bandscheiben!) und dann, sobald der Atem sich stabilisiert hatte, ganz langsam Stückchen für Stückchen das Baby von sich herunterschieben. War es bis dahin nicht aufgewacht, war der Rest im Vergleich ein Klacks:

Die vorher zurechtgelegte Attrappe aus (gewärmtem) Kirschkernkissen, Mamas Schlaf-T-Shirt und Papas Kopfkissen ans Kind schieben, langsam aus dem Bett schälen, leise aus dem Zimmer schleichen (Vorsicht, die dritte Diele!) und – geschafft. Das ganze Prozedere dauerte fast eine Stunde, ein Drittel der gesamten Schlafphase, und war natürlich extrem fehleranfällig.

Von außen betrachtet ist das komplett gaga, Sie haben recht. Doch für Baby-Eltern ist es völlig normal.

Dabei haben wir von dem schwierigsten Moment noch gar nicht gesprochen. Dem nämlich, wenn die Eltern selbst sich zur Ruhe legen wollten und behutsam zu ihrem Kind schlüpften, das in der Mitte des Bettes residierte. Irgendwann einmal hatten sie gedacht, es sei eine gute Idee, nur ein 1,40-Bett anzuschaffen, weil die Liebe so groß und das Platzbedürfnis so klein war. Wäre ihnen damals schon bewusst gewesen, was auf sie zukommen würde, hätten sie sich nicht für »Bett Alfa« entschieden, sondern für »Ramon – die familiäre Schlaflandschaft in XXL, mit der jede Nacht zu einem Erlebnis im Schlaf-raffenland wird«. Schrecklich. Aber wahr.

Beim zweiten Kind ist man dann ja schlauer und schafft sich nicht nur ein größeres Bett an, sondern auch den Gymnastikball ab. Und legt sein Kind – wach – ins eigene Bettchen.

Ich dachte lange Zeit, wir wären im »Zirkus ums Kind« schon sehr schlimm gewesen. Was ich jedoch seit vergangenem Wochenende deutlich revidieren muss: Unsere Freunde, beide Mitte 30, erstes Kind, legten sich um 19 Uhr BEIDE mit Söhnchen Nathanael, 18 Monate, ins Bett. BEIDE hatten ihr Tablet dabei. Der eine, um zu lesen, die andere, um Mails zu checken. BEIDE waren der Meinung, ein Kind fühle sich sonst allein. Es war 21.30 Uhr, als sie wieder auftauchten. Da war unser Geburtstagsessen mit Freunden schon fast wieder vorbei. Und ich hatte gelernt: Schlimmer geht bei Eltern immer.

Kinderarztbesuche

Wie viel Kilo Schleim kann so ein kleiner Mensch produzieren? Falls jemand dazu eine Studie machen will – bei uns findet er passable Studienbedingungen. Und wer ist schuld? Die Kinderärztin. Kinderarztbesuche sind Bazillenbeschleuniger in Reinform. Und die Höchststrafe für Eltern. Mir hätte schon bei der telefonischen Terminvereinbarung klar sein müssen, dass es keine gute Idee ist, eine U-Untersuchung im November anzuberaumen. Doch ich hatte das Zeitfenster schon fast verschwitzt, mir blieb keine Wahl.

Meine Kinder waren alle die letzten Monate gesund. Bis wir das Wartezimmer betreten haben. Schon im Auto bekomme ich Aggressionen, weil ich daran denken muss, wie mir Sprechstundenhilfe Hedwig lächelnd die Krankenkassenkarte über den Tresen schieben wird: »Nehmen Sie Platz. Es kann dauern.«

Wir haben den Termin um 11 Uhr. Pünktlich um 11.01 Uhr hieve ich mein eines Kind in der Babyschale auf den Tresen und ziehe dem anderen Kind einhändig die Winterjacke aus. Hedwig ist nicht da, dafür eine blonde Neue, die schnippisch meint: »Aus der Puste, wa?« »Ja«, sollte man ihr entgegenfauchen, »weil Kinderärzte ihre Praxis grundsätzlich im zweiten Stock ohne Lift einrichten und Mütter allein vom Kinderschleppen ihrem Bandscheibenvorfall mit Mitte 40 so ein sicheres Stück näherkommen«. Fällt mir aber in dem Moment nicht ein. Die Neue zeigt wortlos aufs Wartezimmer.

Neben uns liest eine hörbar genervte Mutter ihrem Vierjährigen seufzend vor: »Löffelbagger, Schaufelbagger, Raupenbagger. Marcel, wollen wir nicht lieber das Sockenmonster lesen?« Schnief. Marcel schüttelt energisch den Kopf. Die Mutter seufzt: »Schnäuz noch mal.« Ich frage: »Wie lange warten Sie schon?« »Seit einer Dreiviertelstunde.« Großartig. »Schürfkübelraupe, Schreitbagger ...« Schnief.

Neben uns hustet ein rotwangiger Kleiner mit fiebrigen Augen auf dem Schoß seiner Mutter und gehört eigentlich nirgendwo anders hin als ins Bett. Auf der Rutsche streiten sich zwei Mädchen, wer Erste war. Ich versuche, Marlena und Laurin gegen die Schniefnase abzuschirmen, als die Tür aufgeht und Emma hereinkommt, unser Nachbarsmädchen. Sie begrüßt uns freudestrahlend: »Ich bin krank, wahrscheinlich Scharlach, jetzt kann die Mama nicht arbeiten gehen und hat mich schon abgeholt.« Schön für dich, Emma. Nicht für mich.

Nach 45 Minuten werden wir erlöst und dürfen in Sprechzimmer 4. Die Neue misst und wiegt. »Jetzt noch ein paar Tests.« Laurin muss einen Turm aus Bauklötzen bauen und von einem Podest hüpfen. »Was isst er?«, »Wie schläft er?«, »Ist er sauber?« Die Neue steht unter Zeitdruck. Hektisch kreuzt sie ab: »Benutzt Laurin schon ganze Sätze?«, »Geht er im Wechselschritt die Treppen hoch?«, »Putzt er sich die Nase?« Ihr Fragebogen ist sechs Seiten lang. »Benutzt Laurin Fragewörter?«, »Zieht er sich den Schuh an den richtigen Fuß?« Also wenn es mein erstes Kind wäre, würde ich jetzt nervös werden und mich fragen, ob mein Kind entwicklungsverzögert ist. »Knöpft er schon große Knöpfe?«, »Hilft er im Haushalt?«, »Fährt er schon Fahrrad?« Hallo, er ist gerade erst drei geworden!!! Die Neue antwortet: »Das müssen Sie mit der Ärztin besprechen.« Mittlerweile ist es 12.15 Uhr. Mein Magen knurrt. »Was siehst du auf diesem Punktebild? Einen Stern?« Entschuldigung, wenn Sie es ihm vorsagen, kann er nicht mehr sagen, dass er einen Stern sieht. »Laurin, was ist die Mehrzahl von Buch?« Die Neue zeigt ein Bild. »Ein Buch, viele …?«

»Buche.«

»Ein Schiff, viele …?«

»Boote.« Ist doch schlau, mein Kind. Laurin gähnt. Es ist halb eins. Nach Hörtest, einbeinig stehen und einer Ballübung hat er keine Lust mehr und legt sich auf den Teppich zum Schlafen.

Es ist kurz nach eins, als die Ärztin das Sprechzimmer betritt. Ich explodiere und frage sie, was das eigentlich soll, eineinhalb Stunden Fragen und Tests, mein Großer wurde nicht so durchgescannt und lebt auch noch. Außerdem habe ich ein Baby dabei, das ich mittlerweile schon zum zweiten Mal gestillt habe, weil es so lange dauerte. »Ach, Frau Grüneberg«, seufzt die Ärztin, »viele Mütter sind froh, wenn sie mal sehen, auf welchem Stand ihr Kind ist. Wissen Sie, ein Land, das nur noch 650.000 Kinder im Jahr bekommt, muss diesen Schatz hegen und pflegen.« Oder anders gesagt: Das Gesundheitssystem muss an den Wenigen mehr verdienen. Ich bespreche nichts mehr mit der Ärztin. Wir verlassen die Praxis um 14.03 Uhr und sind gerädert. Hat sich so richtig gelohnt, dieser Ausflug. Die Kinderärztin ist zufrieden, die Mutter sauer, und die Kinder haben zwei Tage später einen Fetzenschnupfen. Eine großartige Erfindung, diese neue U 7a!

Essen I: Tiere bei Tisch

Wenn wir uns ein Tier anschaffen würden, wäre ich für ein Schwein. Es würde allein von dem, was beim Abendbrot vom Tisch fällt, locker satt werden. Ehrlich. Zwischen 18 und 20 Uhr darf bei uns kein Besuch kommen. Da sieht es aus wie im Stall. Mein Mann schlug neulich vor, die Tischregeln der Jahrhundertwende wieder einzuführen: Der Teller wird leer gegessen, reden dürfen nur die Erwachsenen, zu Trinken gibt es draußen am Brunnen. So wäre es zumindest möglich, ein nicht geflutetes Schinkenbrot zu sich zu nehmen. Bei uns geht Abendessen nämlich so:

18.30 Uhr: Schon wieder so spät? Schnell Essen machen. Eigentlich muss der Blumenkohl im Gemüsefach weg. Dauert zu lang. Auflauf morgen. Brot herrichten. Laurin: »Mama, bei uns im Kindergarten haben wir ja drei Leons …« Telefon klingelt. Papa: »Kam spät raus, komme mit der nächsten Bahn.« Großartig. »Titahabo, Titahabo.«

»Ja Marlena, du bekommst was zu trinken.«

»Leberwurst, Wiener, Käse …« – der Mittlere gibt lautstark Bestellungen auf. Marlena wirft eine Gabel über den Tisch, versucht ans Messer von Papas Platz heranzukommen. Salz fällt um. »Die zwei kleinen Leons mag ich nicht.« Marlena löffelt Saft auf die Tischplatte und exploriert die Frage, ob sich Saftlinien auf dem Tisch in die Hand nehmen lassen. Ich habe keine Lust, den Lappen zu holen. Müsste dafür aufstehen.

»Warum magst du die kleinen Leons nicht?«

»Weil sie so klein sind. Kann ich Tomate?«

»Kann ich BITTE eine Tomate haben, heißt das.«

Jonas: »Mama, wir haben heute Englisch geschrieben.«

Laurin kratzt Leberwurst vom Brot. Er will jetzt lieber Gelbwurst.

»Lenawu, Lenawu!«

»Ja, du kriegst auch eine Gelbwurst. Und, wie ging's in Englisch?«

»Na ja, geht so.« Mist, wir hatten gestern keine Vokabeln mehr abgefragt. Schlechtes Gewissen schleicht sich in meinen Bauch. Laurin angelt die letzte Gelbwurstscheibe, schiebt dabei mit dem Ärmel Wiener und Käse vom Teller auf den Boden. »Lenawu, Lenawuu!!« Laurin stopft sich die Gelbwurst in den Mund. »Lenawuuu!!!« Eine Gurkenscheibe fliegt über den Tisch. Ich halte eine Grundsatzrede übers Teilen. Jonas rülpst. Ich zeige Missfallen. Und ernte: schelmisches Grinsen und ein lautes »Schulz«. Der kleine Bruder legt den Daumen an die Stirn und kontert ebenfalls mit »Schulz«. Beide schütten sich aus vor Lachen. Das erste Glas fällt um. Marlena beobachtet ihre Brüder, hopst wild lachend auf ihrem Stühlchen und schreit »Jajaja«. Das zweite Glas fällt um. Saft rinnt in die Wurstbox und auf den Boden.

Ich schimpfe und hole jetzt den Lappen. Unter dem Tisch krieche ich durch saftgetränkte Brezenbrösel, finde Nudeln vom Mittagessen. Neben mir landen: eine weitere Gurkenscheibe und ein Würfel Emmentaler. Ich rufe unter dem Tisch hervor: »Marlena, lass das, bist du satt?!« Jonas: »Mama, wir brauchen neue Butter.«

18.50 Uhr: Papa kommt heim. »Was ist denn hier schon wieder los?« Mama: »Jonas ist zu faul zum Kühlschrank zu gehen, unterrichtet seinen Bruder in Saufspielen, die du ihm beigebracht hast, und deine Tochter randaliert. Und wenn man dich braucht, bist du nicht da.«

Ähnliche Abendessen hätten wir auch in der Couscous-Variante oder – auch schön – der Gemüselasagne-Version zu bieten. Der Grüneberg-Kinder-Kodex scheint zu lauten: Je mehr Gesundes Mama auf den Tisch bringt, desto mehr muss drunter verschwinden. Ich sollte die Sache mit dem Schwein noch mal überdenken. Oder die Frage, ob Tischkultur vielleicht einfach überbewertet wird.

Herdentrieb

Hilfe! Ich bin ein Schaf. Teil einer Herde, deren kollektives Verhalten eine hypnotische Wirkung ausübt. Anders als mit Herdentrieb kann man das nicht erklären, was da in meinem Flur aufgestapelt ist: elf »Glatzenkissen«. Unsere Krabbelgruppe hat eine Sammelbestellung gemacht. Glatzenkissen! Wie kam ich nur dazu? Diese besonders weichen Baby-Kopfkissen sollen durch eine spezielle Mulde verhindern, dass sich die Kinder ihren Hinterkopf kahl und platt liegen. Ganz ehrlich: Meine Jungs haben das auch nicht gebraucht. Legt man die Babys tagsüber, wenn sie wach sind, öfter mal auf den Bauch, ist nicht nur für die Gesamtmotorik gesünder, sondern beugt auch dem platten Hinterkopf vor. Aber nein, ich bin ein Schaf und musste unbedingt auch so ein Kissen haben. Und alles nur, weil Simone davon anfing. Sie schaffte für ihren Sohn eins an, mit lustigen Pünktchen und personalisiertem Namenszug drauf. Und plötzlich wollten alle eins haben. Inklusive mir. Charlie wird mir den Vogel zeigen, wenn er nach Hause kommt. Simone schleppt ständig irgendwelches Zeug an, das man mit Baby UNBEDINGT braucht: Magnetische Schnuller, die sich leicht von der Schnullerkette lösen, damit sich das Kind nicht stranguliert. Kinderwagen-Organizer, die man praktisch an die Schiebevorrichtung knipsen kann, inklusive Handy-Halterung. Man sollte sie fragen, ob sie eigentlich Provision von den Herstellern bekommt. Der Gruppenzwang jedenfalls funktioniert. Am kommenden Montag gibt sie ihre erste Tupper-Party. Charlie sagt: Dafür haben wir kein Geld! Ich werde trotzdem hingehen. Mütter sind eben Schafe.

Supermütter

Supermutter – das ist doch eigentlich ein Schimpfwort, oder? Das sind die, die immer Feuchttücher in der Tasche haben, Arnika-Kügelchen reichen, wenn dein Kind von der Rutsche gefallen ist, und zum Sommerfest glasierte Hähnchenspieße mit Kokosdip mitbringen, während man selbst zwei Tüten Brezeln aufs Buffet legt. Das fiese an Supermüttern ist: Sie klagen dich nicht direkt an. Sondern führen dir mit Kleinigkeiten wie Pflastern in der Handtasche oder einem zweiten Sonnenhütchen deine eigenen Unzulänglichkeiten als Mutter vor Augen. Mein Problem damit? Meine beste Freundin behauptet: Ich sei auch eine.

Als sie das neulich sagte, war ich sprachlos. So absurd erschien mir der Gedanke. Gerade hatte ich zwei vergammelte Salate und einen Brokkoli aus der Biokiste weggeschmissen, weil sie nach zweieinhalb Wochen im Kühlschrank ihr trostloses Dasein für beendet erklärt hatten. Gleichzeitig fiel mir ein, dass ich vergessen hatte, das Geschenk für Laurins heutige Kindergeburtstagseinladung zu besorgen. Und Marlena rumorte im Bad, wo sie wieder mal eine halbe Klorolle in der Toilette versenkte und jeden Spülvorgang mit einem lauten »Seiße« kommentierte. Ich? Eine Supermutter?

In meinem Wohnzimmer ist es so schmutzig, dass ich mir von meinem Mann vor drei Tagen sagen lassen musste: »Sollen wir am Wochenende mal putzen?« Noch Fragen?

Lange Zeit hechelte ich den scheinbar perfekten Mamis hinterher. Ich ließ mich einschüchtern von denen, die statt Keksen selbst geschnippelte Rohkost auf dem Spielplatz auspackten. Ich hatte ein schlechtes Gewissen, wenn ich die Trinkflasche vergessen hatte. Ich fühlte mich unzulänglich, wenn wir keine Sandschaufel-Eimer-Bagger-Ausrüstung dabeihatten, weil wir vom Kindergarten zum Spielplatz gehechtet waren.

Die Supermuttis schienen so viel strukturierter als ich. Achtsamer. Routinierter. Beim ersten Kind will man schließlich vor allem eins: eine »gute Mutter« sein. Und als ob die Kleinigkeiten in Hand- oder Wickeltaschen etwas über die Liebe zum Kind aussagen könnten, kaufte ich Sonnencremes in Reisepackungen – für jede Tasche eine. Legte mir in gleicher Anzahl Sandeimerchen-Sets zu, damit wir nie mehr in Verlegenheit gerieten, ein anderes Kind um seine Schaufel fragen zu müssen. Doch ich schaffte es nie zur Supermutter. Selbst wenn ich an alles gedacht hatte, fragte mich eine von ihnen: »Meinst du nicht, dass es ein wenig kalt ist? Vielleicht ziehst du ihm seine Jacke an?«

Mittlerweile kann ich zu meinen kleinen und großen mütterlichen Defiziten ganz gut stehen. Zum Beispiel zu meiner Meinung, dass ein Kind nicht bei jedem Windstoß die Garderobe wechseln muss. Oder: Kinder verdursten nicht, wenn sie eineinhalb Stunden nichts zu trinken bekommen. Ich kann auch nicht besonders gut backen. Und habe keine Lust, mit meinen Kindern »Fang die Maus« oder »Farben würfeln« zu spielen. Ich finde Kinder-Gesellschaftsspiele langweilig. Dafür singe ich gern.

Meine Freundin hat gerade ihr erstes Kind. Der Stein des Anstoßes waren die zwei Sandschaufeln, die ich in meiner Handtasche mit mir herumschleppe. Und ja, ich gebe zu, auch ein Reisepack Feuchttücher macht Sinn, wenn man unterwegs in einer Eisdiele Halt macht oder der Hund vom Optiker um die Ecke schießt, der nichts lieber als Kinderhände abschleckt. Mit der Zeit bekommt man Erfahrung. Aber bin ich deshalb eine Supermutter? Na ja, den Großen hole ich im Winter immer noch vom Training ab, weil ich darauf verzichten kann, für Mandelentzündungen einen Job zu verschieben. Keine Supermutter – nackter Überlebenswille.

Eigentlich ist es doch so: Alle Mütter sind Supermütter. Wir messen uns nur an den falschen. An der Mutter, die drei Kinder mehr Erfahrung hat. Die zehn Jahre älter ist. Die mehr Geld zur Verfügung hat. Die nicht berufstätig ist. Die berufstätig ist. Bei jeder von uns gibt es die Tage, an denen wir uns freuen: »Cool, heut hab ich das alles aber gut im Griff.« Und jede kennt das Gefühl zwei Minuten später, wenn man zum Beispiel am Badewannenrand sitzt und denkt: »Wo nehme ich nur die Kraft für diesen kleinen, trotzigen, zahnputzunwilligen Teufelsbraten her?« Wahrscheinlich sind die Supermütter, von denen ich glaubte, sie wären welche, genauso chaotisch, ungeduldig und unsicher wie ich. Keine von uns ist besser. Wir sind alle super Mütter!

Mütter-Hobbys

Es wird eine Zeit geben, in der ich wieder Hobbys haben werde. So was wie Bücher lesen oder laufen gehen. Vorläufig bin ich schon dankbar, wenn ich allein aufs Klo gehen darf. Neulich erzählte mir eine Mutter, dass sie sich jetzt für einen Sushi-Kurs angemeldet hat. Die Frau hat vier Kinder und einen Job. Die macht mich völlig fertig. Gut, sie hat eine Putzfrau. Aber trotzdem ...

Auf dem Nachhauseweg grübelte ich, was ich machen würde, wenn ich die Zeit für einen Sushi-Kurs hätte. Bestimmt nicht Sushi rollen. Aber was? »Die Päpstin« lesen, die seit drei Jahren auf meinem Nachttisch verstaubt? Mein Spanisch auffrischen, das ich zuletzt im Auslandssemester meines Studiums benutzte? Gedanken wie aus einer anderen Welt. Wenn ich Zeit hätte, müsste ich endlich: die Versicherungen durchgehen, den Keller aufräumen, die Steuerbelege ordnen, die Fotoalben um die letzten drei Jahre aktualisieren. Oder einfach nur: SCHLAFEN. Doch leider habe ich keine Zeit, weder für Sushi noch fürs Schlafen. Im Moment verbringe ich meine Zeit nämlich damit, auf dem Speicher Klamottenstau zu produzieren: Wintersachen aus der einen Kiste raus, Frühlingssachen in den anderen Schrank rein. Dazwischen: »Kann der Pulli wirklich schon weg?« »Will Bärbel die Bodys wiederhaben?« »Hebe ich die Jungs-Hosen tatsächlich für die kleine Schwester auf?« Oder: »Ach *hier* waren die Handschuhe!« Leider in Kiste 86/92 bei den Sommersachen.

Der Saisonwechsel macht mich jedes Jahr kirre. Und jedes Mal schwöre ich: Ich leihe nichts mehr von Freundinnen, die es wiederhaben wollen. Und: Rollkragenpullis, die der große Bruder schon nicht anziehen wollte, werden für den Kleinen nicht aufgehoben. Trotzdem tauchen in jedem Frühjahr wieder Rollis aus dem Klamottenmeer auf oder Hosen mit einseitig herunterhängenden Flicken, die ich schon beim Großen nicht angenäht habe.

»In die Kleidersammlung«, »Zurückgeben an Annemarie« – ich bin eine Sortiermaschine und werde in ein paar Wochen zwischen diesen Wäschestapeln gefunden werden, wenn meiner Familie aufgefallen ist, dass ich fehle. Und die Lokalzeitung wird titeln: »Mutter in Secondhand-Ware erstickt.«

»In die Tüte für Doris«, »Geliehen von Katja«, »LK« – wer zum Teufel ist LK und hat sein Kürzel mit blauem Edding auf dem Nackenzettel hinterlassen? Also auf den Stapel »Keine Ahnung«. Meine Freundin Bärbel ist in dieser Hinsicht ein Phänomen. Sie weiß auch nach Jahren noch genau, was ihr gehört, fischt eine graue Strumpfhose aus den Kisten, die ich ihr zurückgebe, und stellt fest: »Die ist nicht von uns.« Ihre Kinder sind 10 und 14! Wer gedacht hatte, mütterliche Freizeitbeschäftigungen wie Sortieren hätten irgendwann ein Ende, irrt.

Ich komme mir vor wie der Mann an der Plastiksammelstation unseres Wertstoffhofes. Seit wir aus der Stadt aufs Land gezogen sind, hat die Mülltrennung nämlich eine andere Dimension. PP, PPA, Mischkunststoff, Folien I, Folien II – allein der Plastikmüll wird hier in elf verschiedene Säcke unterteilt. Dafür braucht es einen Aufseher. Übrigens ein netter Mensch. Er behält den Überblick und macht mich darauf aufmerksam, dass Plastikblumentöpfe nicht in den Sack zu den Plastikbechern kommen und Joghurtdeckel zu Aluverbund zählen, der am gegenüberliegenden Ende des Platzes stationiert ist – mit Baby im Schlepptau eine halbe Weltreise, was den Aufseher aber nicht beeindruckt. Bärbel würde sich mit ihm glänzend verstehen.

Meine Tochter dagegen hat Sortieren jetzt tatsächlich zum Hobby gemacht. Mit Eifer ordnet sie, was ihr in die Quere kommt: die aufgerissene Nudelpackung zwischen die Kochbücher. Die zusammengelegten Unterhosen in die Spülmaschine. Die Legosteine des einen Bruders in die Playmobilkiste des anderen. Die Star Wars-Bildchen des anderen in die Schreibtischschublade des einen. Was bei der Heimkehr des Letzteren zu einer ausgewachsenen Familienkrise führt. Hobbys ... und welches haben Sie?

Shopping mit Kind

Einkaufen mit Kindern ist wie Schlagsahne mit Senf: Es passt nicht zusammen. Im Supermarkt bedeutet es wahlweise dem Kind oder dem Wagen hinterherzuspringen, die, sobald der Nachwuchs laufen kann, in zwei unterschiedliche Richtungen unterwegs sind. Oder man ist damit beschäftigt »Pikantes Apulien«, »Hollands Goldstück« und vier Gläschen Kaviar wieder aus den Einkäufen herauszusortieren, während die Tochter weitere für sie erreichbare absurde Produkte einlädt. Bis zur Kasse hat man vergessen, warum man überhaupt den Laden betreten hat, bezahlt zeitlose Dinge wie Zahnpasta, Windeln und drei Ü-Eier, und auf dem Parkplatz fällt einem ein: die MILCH, die TOMATEN, der MASCARPONE! Also alles noch mal von vorn.

Die Steigerung des Supermarkt-Einkaufs ist allerdings Schuhe shoppen. Beim Verlassen des Ladens ist man nass geschwitzt wie nach einem einstündigen Workout auf dem Laufband und die Verkäuferinnen sagen nicht »Auf Wiedersehen«. Stattdessen wünschen sie »einen schönen Nachmittag«, was so viel heißt wie »Bitte nicht so bald wiederkommen«. Mit kleinen Kindern geht Schuh-Shopping nämlich so:

Seit Wochen schleichst du um ein Paar Stiefeletten herum und bist eines Tages euphorisch genug, den Schuhladen Nummer eins am Platz mit deinen Kindern zu betreten. Die Großen zischen ab zum elektrisch betriebenen Kinderkarussell, die Kleine krabbelt die Treppe rauf und nicht mehr runter, weil Treppen runtersteigen noch nicht im Entwicklungsprogramm dran war.

Du widmest dich eine Zehntelsekunde deinen Schuhen: Rot oder braun? Gleichzusetzen mit: Schick oder praktisch? Während du dir die Frage stellst, ob du davonfahrenden Spielplatzseilbahnen wirklich in ROT hinterherhechten willst, übt deine Tochter auf der obersten Treppenstufe Primatenschreie mit dem großen Bruder, der das Karussell gelangweilt wieder verlassen hat. Weil er zu laut ist, erschrickt die Kleine und fängt an zu heulen. In der Zwischenzeit ist der Mittlere vom Karussell gefallen.

Rot oder braun? Und ist der Absatz eigentlich überhaupt alltagstauglich? Von der Seite sehen sie einfach phantastisch aus! Im Augenwinkel siehst du deine Tochter beim Drehständer mit den teuren 120-Euro-aufwärts-Stöckelschuhen. Sie versucht einen davon anzuziehen, den anderen belutscht sie. Er scheint sich hervorragend für die hintere Kauleiste zu eignen. Dort kommen gerade die Backenzähne durch. Zu diesem Zeitpunkt drängt die Verkäuferin: »Die Kleine möchte doch bestimmt auch mal Karussell fahren.«

Um die Ecke kommt der Mittlere. Strahlend. Mit Blinkschuhen. »Nein, Laurin, die kannst du nicht haben. Du hast doch schon Frühlingsschuhe. Nein, das ist gar nicht deine Größe.« Du findest, du warst überzeugend genug, schickst den Großen zum Aufpassen und lässt dir die Schuhe in Rot bringen. Der Mittlere kommt zurück. Strahlend. Mit anderen Blinkschuhen. In Größe 27. Sie sind auch noch reduziert. »Ja O.K. Probier sie an.« Du überlegst, wie du deinem Mann völlig überflüssige Blinkschuhe verklickern sollst, und hast dich immer noch nicht entschieden zwischen rot oder braun, als dein Kind der Verkäuferin für heute den Rest gibt: Laurin will die Blinkschuhe anprobieren. Wer weiß, wie kleine Kinder Schuhe anziehen, versteht das gequälte Lächeln der Verkäuferin: Kindergartenkinder benutzen prinzipiell nicht die Hände, sondern streifen einen Schuh mithilfe des anderen Fußes ab, dessen Sohle durch ein Gemisch aus Erde, Sand und Hundescheiße doppellagig gepolstert ist. Marlena nähert sich dem Bröselmeer mit Pinzettengriff. Das ist der Augenblick, wo Mütter dann schnell sagen: »O.K., wir nehmen die Schuhe.«

Du hast dich für braun entschieden. Gestresst entscheidet man eher praktisch. Es folgt ein Moment des Verzückens: Neue Schuhe, wann hab ich mir eigentlich zuletzt neue Schuhe gegönnt? Die haben ein Ökosiegel drauf. Was? Die werden auch noch mit Teebeutel geliefert, von der fabrikeigenen Plantage?! Voll nachhaltig also auch noch!

Doch der Moment währt nicht lang. Wo ist Marlena? »Jonas, du solltest doch auf deine kleine Schwester aufpassen!« Marlena sitzt im Schaufenster und ist dabei, die Deko zu essen: bunte Styropor-Schmetterlinge, die aussehen, als wären sie aus der Süßwarenabteilung vom Kaufhof nebenan. Sie hat gerade den vierten von elf GEOX-Kartons ausgeräumt und den Inhalt großflächig in der Auslage verteilt. Die herbeigesprungene Verkäuferin fleht: »Wollen Sie nicht lieber bezahlen gehen? Wir machen das schon.«

Schweißgebadet verlässt du den Laden und schwörst dir: Bei den nächsten Schuhen legst du gerne noch einen Zehner drauf – für einen Babysitter. Denn Shoppen und Kinder passen einfach nicht zusammen.

Muttitasking

An manchen Abenden fühle ich mich wie zerhackstückt. Ich sitze dann auf der Couch und versuche bei einer (ganzen!) Tafel Schokolade, meine Einzelteile wieder zusammenzusetzen.

Mütter sind Meister im sich Zerstückeln: Zwischen den Stillmahlzeiten wird schnell gekocht, eingekauft, der Große vom Kindergarten abgeholt. Keine Seltenheit: Mit Baby an der Brust ins nächste Zimmer gerannt, weil der Große gerade die Vase abgeschossen hat. Oder gern auch genau dann aufs Klo muss. Kind abdocken – Po abputzen – weiter geht's. Spätestens wenn die Kinder zu zweit sind, fragt man sich: »Wohin sind die Zeiten, in denen man einfach eine halbe Stunde Baby-Beobachten spielte? Wohin die Zeit, in der man täglich im Pekip-Buch blätterte, um zwei Übungen zu machen oder mindestens die zehn Zappelmänner? Nein, man packt Picknicktaschen, Kinderwägen und Fahrradanhänger voll, cremt gleichzeitig sein Kind ein, während das andere brüllt, und unterhält sich mit der Nachbarin über ihre Katze, die neuerdings mit Biokost weniger Magenprobleme hat. Und dann ruft auch noch die Schwägerin an (noch Mutter eines Einzelkindes), hört den Stress im Hintergrund und meint: »Mein Gott, das arme Baby, bekommt gar keine Nestwärme mehr.« Dong, genau das will man jetzt hören.

Sind die Kinder etwas älter, wird man nicht nur körperlich, sondern auch verbal auseinandergenommen: »Mama, was ist eigentlich mit dem Wasser aus dem Wasserhahn, das man ...«

»Mama, Trinken einschenken.«

»… nicht braucht, fließt das auch ins Meer?«

»Mama, wo sind meine Kopfhörer!«

»Ja, Laurin, das Wasser fließt in den Kanal und weiter und … NICHT, Marlena, der Becher kippt so.«

»Mama, der Basti war heute im Kindergarten total gemein zu mir.«

»Keine Ahnung, Jonas, wo du deine Kopfhörer wieder hast! Also Laurin. Das mit dem Trinkwasser ist …«

»Mama, der BASTI …!«

»… so eine Sache …«

»Ja, weil die in Afrika haben ja nicht genügend Wasser. Das ist so wie mit dem Strom …«

»Mama, der Basti is blöd!«

»Ich find meine Kopfhörer aber nicht!«

»… so lange Stromleitungen hat man ja gar nicht bis nach Afrika. Das kam im Fernsehen.«

Ich wünschte mir manchmal auch längere Leitungen. Damit die Informationen länger brauchen, bis sie bei mir ankommen. Und ich mehr Zeit habe, darauf zu reagieren. Dann würde mir nicht als Erstes T 1000 aus Terminator 2 einfallen, wenn ich abends auf meiner Couch sitze und mich mit Zucker und Fett wieder zusammenflicke.

Dieses »Alles gleichzeitig und alles sofort« den ganzen Tag ist echt anstrengend. Vielleicht werde ich aber auch einfach alt. Mein Sohn kann gleichzeitig Kopfhörer hören, auf dem Computer daddeln, eine SMS an Maxi schreiben und Latein übersetzen – alles in einem. Auch ich kann viel, aber ich habe keine Lust mehr, beim Kochen Streit zu schlichten, an den Einkaufszettel für morgen zu denken, der Kleinen die Zöpfe nachzuziehen, dem Mittleren die Schuhe zum Training zu binden, schnell noch mal umzurühren, Charlies morgigen Abendtermin, den er gerade per Telefon durchgibt, in den Kalender einzutragen und dabei festzustellen: »Mist, Claudia hatte gestern Geburtstag.«

Interessant daran ist, dass Männer das Stückeln ja gar nicht können. Sie lehnen es schon ab, nur zwei dieser Komponenten zu vereinbaren: Gleichzeitig telefonieren und ein Kind beaufsichtigen? Geht nicht. Oder: »Ich kann doch jetzt keinen Yogatermin eintragen, Schatz, ich KOCHE!« Mir recht. Bevor ich mich weiter tranchieren lasse, läute ich jetzt das analoge Zeitalter wieder ein. Alles nacheinander und schön der Reihe nach. Und – bitte hinten anstellen. Ich muss erst noch meine Schokolade aufessen. Dann gibt's mich wieder am Stück.

FREMDELPHASEN

Mit Kind ist vieles befremdlich. Selbst banale Dinge wie Schwimmbadbesuche werden zum Abenteuer, Männer zu Zeitwundern und Frauen zu Robotern. In der »Fremdelphase« lernen Eltern viel dazu und sich selbst völlig neu kennen. Es ist, als ob ein neues Bewusstsein erwachte, eine Ahnung dessen, was Elternschaft alles bedeuten könnte. Der Verdacht, dass das, was da gerade so mit ihnen passiert, System hat, eine höhere Ordnung, bewahrheitet sich dann plötzlich in Warteschlangen vor Sportgeschäften bei zwei Grad minus. Auch wenn ihnen die Sinnhaftigkeit vieler ihrer Handlungen noch verborgen bleibt.

Eltern in der Fremdelphase stellen Gesetzmäßigkeiten fest wie »Ressourcen sind endlich und trotzdem führen Mütter Listen, die unmöglich an einem Tag abzuarbeiten sind«. Oder: »Väter, die Sonnenhütchen vergessen, unterschätzen den Ernst der Lage«. In dieser Phase fangen Eltern auch an zu zählen, wie oft ER beim Laufen war und wann SIE zum letzten Mal im Fitness-Studio. Oder sie singen sinnentleerte Lieder auf Autobahnraststätten.

Und wundern sich. Irgendwann. Über gar nichts mehr. Eltern sind eben einfach ein bisschen verrückt.

Väter und Zeit

Mein Mann ist mir ein Rätsel. Seit unsere Kinder auf der Welt sind, scheinen seine Tage mehr Stunden zu haben als meine. Oder wie ist es zu erklären, dass er jeden Morgen dazu kommt, seine ganze Tasse Kaffee heiß zu trinken? Abends die Zeitung gelesen hat? Zweimal in der Woche zum Laufen gehen kann? Irgendetwas muss mit ihm passiert sein, während ich die Kinder bekam. Vielleicht hat er beim Warten im Kreißsaal eine Möglichkeit gefunden, das Raum-Zeit-Kontinuum zu durchbrechen. Oder Walter Bishop hat ihm den Weg zum Paralleluniversum verraten.

Jedenfalls hat er die Zeit, seine Computer-Mannschaft zu pflegen und am Frühstückstisch mit seinem Sohn Konversationen wie diese zu führen: »Ich hab gestern für einen Spieler 40 Millionen bekommen!«

Jonas: »Ja, und du hast die Relegation geschafft. Meine Mannschaft kackt total ab.«

Charlie: »Die Fitness deiner Spieler steht ja auch bei 80, lass sie pausieren. Bei dir sind doch eh fast nur noch Bots drin!«

Ähäm?! K??

Oder er hält mir beim Salatschneiden sein neustes Spielzeug unter die Nase und schwärmt: »Schau mal, mit dieser App kannst du endlich Schafkopfen lernen. Total genial. Soll ich es dir mal leihen?«??!!

Wenn ich die Zeit hätte, mit seinem Handy Karten zu spielen, würde ich vorher meine ungenutzte Fitnessstudiomitgliedschaft reaktiviert haben, die Bücher vom Nachttisch weggelesen und meine drei Gutscheine bei der Fußpflegerin eingelöst haben. Ich komme aber nicht mal dazu, mir die Fingernägel zu schneiden.

Weil ich Einkaufslisten schreibe, während ich Laurin das Schuhebinden beibringe, dabei die Trainingstasche packe, an die Trinkflasche denke, unter einem Berg Kaufmannsladenware meinen Geldbeutel wiederfinde, die Kleine, die seit vier Minuten »Abpuuutzen« schreit, vom Klo hole und dabei nicht vergesse, die zehn Euro für die Mannschaftskasse in einen Umschlag zu stecken. Oder ich mache Wäsche, plane unseren Wochenendausflug, nehme für die Nachbarn die Päckchen vom Postboten entgegen, sortiere das »Schnelle-Fahrzeuge-Quartett« und ein Bauernhof-Puzzle wieder aus der Legokiste und telefoniere gleichzeitig mit Tante Judy.

Trotzdem behauptet mein Mann, ich hätte mehr Zeit als er. Der Mann ist ein Rätsel! Ich erinnere mich, wie wir beim ersten Kind noch peinlich genau darauf achteten, dass jeder gleich oft den Müll runtergetragen hatte. Beim zweiten hatten wir keine Zeit mehr zum Zählen. Und seit Marlena da ist, sperrt er abends schimpfend die Tür auf, wenn ich es nicht bis zum Tonnenhäuschen geschafft habe und die Abfalltüte auf dem Fußabtritt steht (was ziemlich oft vorkommt). Mit der Ressourcenverteilung ist das so eine Sache. Solange du als Mutter hormongeschwängert mit einem Säugling durch die Welt läufst, achtest du nicht darauf. Du machst einfach. Wenn dir dann auffällt, dass du einfach machst, ist es zu spät. Mich scheinen meine Hormone gänzlich verlassen zu haben, deshalb fällt mir in letzter Zeit ziemlich viel auf:

Charlie kommt vom Skifahren. Räumt gemütlich seine Sachen weg. Marlena versucht seine Aufmerksamkeit zu ergattern. Wirft ihm den Ball vor die Füße, legt sich quer in den Weg, schmeißt ihr Telefon an die Wand. Charlie räumt auf. Die Sonnencreme, die Brille, die Liftkarten. Seelenruhig. Ich versuche das Abendessen fertig zu kriegen und den Jungs zu erklären, dass es nicht wichtig ist, wer von ihnen Rot als Lieblingsfarbe hat. Charlie räumt auf. Also gut, dann bring halt doch ich die Kleine ins Bett. »Passt du aufs Fleisch auf, muss nur noch Sahne ran?«

»Hm. Kann ich nicht mal in Ruhe aufräumen?«

Nach dem Essen stelle ich die einfache Frage: »Machst du die Küche?«

Charlie: »Hm.« (Zugegeben, die Küche sieht ziemlich chaotisch aus.) »Ich würde mich ja nie trauen, dir so eine Küche zu hinterlassen.«

Ich: »Dafür gab's was Warmes. Was machst du heute Abend noch?«

Charlie: »Küche aufräumen.«

Ich: »Weißt du, wenn ich jeden Handgriff so zelebrieren würde wie du, müsstest du mich nur noch bewundern. WER füllt den Kühlschrank, kocht, kümmert sich darum, dass ausgehungerte Skifahrer ein Schnitzel auf den Teller bekommen? Hat's übrigens geschmeckt? Ich bin sicher, du hättest mir nach einem Zehnstundentag mit den Kindern selbige in die Arme gedrückt, KEIN Schnitzel gemacht und wärst laufen gegangen.« Tief Luft holen.

Charlie: »Aber ich bewundere dich doch auch. Solche Schnitzel wie du macht keine andere.«

Parallelwelt, wie gesagt. Und nach so einem Spruch darf man noch nicht mal böse sein! Irgendwo habe ich gelesen, dass sich Väter in den letzten zehn Jahren immer stärker an unbezahlter Arbeit im Haushalt beteiligen. Ihr Zeitbudget dafür stieg um zwei Minuten. Vielleicht lebe ja auch ich in einer Parallelwelt. Oder vielleicht ist das auch alles nur ein Fehler in der Matrix?

Mütter und Zeit – Charlies Antwort

Meine Frau behauptet, es sei ungerecht, dass Männer Zeitung lesen und joggen gehen. Ich behaupte, das ist Organisation. Sabine hat nämlich einen Listen-Tick. Sie führt imaginäre To-do-Listen, die selbst den fähigsten Logistiker überfordern würden. Man muss dazu wissen, dass sie mich – wie in jeder guten Beziehung – für ein paar Sachen liebt. Und für ein paar eben nicht so. Ich führe nämlich auch Listen. Echte, im Notizbuch. Meine Listen findet sie aber doof. Weil ich so mit einem Blick feststelle: »Nein Schatz, Keller aufräumen müssen wir in den Mai schieben.« Aufschieben ist eine Sache, die Sabine ganz schlecht findet. Außerdem meint sie, ich sei unflexibel mit meinen Listen. Sabines Listen haben den großen Nachteil, dass sie leugnet, welche zu führen. Trotzdem bekomme ich sie regelmäßig. Vorzugsweise vor ein paar freien Tagen. Nein, da steht dann nicht drauf: »Ruh dich ein bisschen aus, tu was für dich.« Nein, da steht dann drauf: »Fahrrad reparieren«, »mit Laurin Lego spielen«, »Steuererklärung fertig machen«, »mit Jonas Fußballschuhe besorgen«, »Laurins neuen Schrank aufbauen«, »Brennholz bestellen« … Und das ist nicht die Aufgabenliste für drei Wochen, das ist die für drei Tage.

Der klassische Urlaubstag sieht dann so aus, dass ich morgens mit der Steuererklärung beginne, diese aber abbreche, weil der neue Schrank geliefert wird. Ich wende ein, dass ich den ja auch morgen aufbauen könnte, aber – wie schon erwähnt – aufschieben mag Sabine nicht, es steht ja schließlich auf ihrer Liste und sie ist da nicht so flexibel …

Der Nachmittag wird also genutzt, um den Schrank aufzubauen. Ich sage noch, dass ich abends zum Laufen gehen möchte, wo ich doch Urlaub habe. Ihr Blick – erst auf ihre imaginäre Liste, dann auf mich – reicht als Antwort.

Zumindest Laurin ist begeistert, wir spielen zwar nicht Lego, aber was gibt es Besseres als echtes Werkzeug. Findet übrigens auch Marlena, die mit ihrer Puppe um meine Beine tänzelt, während ich die Bretter aufstelle. Ich denke gerade: »Ob Sabine beim Kauf wohl richtig gemessen hat?«, als mich ein schwerer Schlag trifft. Marlena hat die Puppe durch den Hammer ersetzt und bearbeitet mein Schienbein. »Sabine!«, rufe ich, »kannst du Marlena hier mal rausholen? Ich kann so nicht arbeiten.« Sabine schaut mich spöttisch an und meint, ob mir eigentlich klar sei, wie sie das immer anstelle, Hausarbeit, kochen und die Kinder bespaßen? »Wenn das so klappt wie deine Maßarbeiten, stellst du es eher schlecht an«, knurre ich. Denn mittlerweile habe ich den Schrank aufgestellt. Wie von ihr gemessen, passt er genau zwischen Bett und Wand hinter der Tür. Nur die Kleinigkeit der Türklinke hat sie übersehen. Die Schubladen müssen jetzt leider zu bleiben. Aber die Türklinke stand wahrscheinlich nicht auf der Liste. In diesem Moment kommt Jonas ins Zimmer: »Papa, es ist schon fünf und du wolltest mit mir noch Fußballschuhe kaufen gehen.«

»Kein Problem, deine Mutter muss eh erst mal überlegen, wie wichtig ihr Schubladen sind«, sage ich und finde mich dabei sehr flexibel. Außerdem stehen die Schuhe ja schließlich auch auf ihrer Liste.

Als ich eine Stunde später wiederkomme, steht Sabine fluchend in der Küche und macht Auflauf. Ich verkneife mir den Hinweis, dass angesichts des engen Tagesplans auch ein kaltes Abendessen genügt hätte. Ich habe auf meiner Liste ja gesehen, dass zum Kochen eigentlich keine Zeit mehr ist ... Der Auflauf ist übrigens sehr lecker und der Schrank schaut mit

Körben statt Schubladen jetzt auch toll aus. Ich rette den Abend, indem ich sie für ihre kreative Lösung lobe. Später sinke ich erschöpft aufs Sofa. Laufen ist heute nicht mehr drin, zum Lesen bin ich auch zu müde. Ich werfe noch einen Blick auf Sabines Liste für morgen: Steuererklärung, Werkstatt aufräumen, Fahrrad flicken. Ich brauche nicht lange, um zu überschlagen, dass das in 24 Stunden eh nicht zu schaffen ist, und beschließe, vormittags laufen zu gehen und nachmittags mit Laurin Lego zu spielen. Was in einen Tag nicht reingeht, wird eben an einem anderen erledigt. Aber jetzt ist erst mal Feierabend. Zum Glück kann ich mit meinem Handy bequem ins Internet und noch einige Minuten schauen, wie es meiner Computer-Fußball-Mannschaft geht. Ich habe sie nämlich erstmals in die Erste Liga gemanagt. Und während ich da, angesichts zahlreicher Niederlagen, nur noch von Spiel zu Spiel denke, beschließe ich, auch auf Sabines Liste nur noch Aufgabe für Aufgabe wahrzunehmen …

Aufopferungsgene

Aufopferung hat eine neue Dimension. Ich dachte immer, nach durchwachten Nächten und wundgenuckeltem Busen hätte ich in dieser Hinsicht schon alles hinter mir. Pipikram gegen das, was kommt, wenn die Kinder erst mal aus den Windeln raus sind. Ich rede hier nicht von den Stunden, die man mit Gallseife in der Waschküche zubringt, um schwarze oder grüne Strumpfsohlen und Hosenknie wieder sauber zu kriegen. Ich rede auch nicht von der Bereitschaft, seine Sonntagnachmittage damit zuzubringen, mit Playmobil-Rittern Klonkriege auszufechten. Nein, Aufopferung kann noch viel weiter gehen.

Neulich fand ich mich um 7.34 Uhr vor einem Sportgeschäft wieder, das um 10 Uhr öffnet. Bibbernd bei zwei Grad minus, mit anderen Müttern, die sich ebenso wie ich in aller Herrgottsfrüh vor dem Laden postierten. Warum? Einfach nur weil wir einen Platz im Skikurs haben wollten.

Städter werden sich jetzt verwundert die Augen reiben. Sie sind es gewohnt, dass Geschäfte von acht bis acht Uhr geöffnet haben und die fortschrittlicheren Ärzte auch samstags Sprechstunden anbieten. Hier im Vorort ist solcherlei Service vom anderen Stern. Schon 25 Kilometer vor München haben Metzger, Bäcker und Schreibwarenläden Mittwochnachmittags prinzipiell geschlossen und die spärlichen Öffnungszeiten der Arztpraxen können mit denen der Gemeindeverwaltung konkurrieren. Und das einzige Sportgeschäft hat eben nur vormittags geöffnet: zwischen zehn und zwölf, »Skikursanmeldungen nur freitags«.

Natürlich könnten wir unsere Kinder auch in einer der Münchner Skischulen anmelden, die für 250 Euro vier Mal ins schneesichere Lengries oder Garmisch fahren. Doch die kleine Skischule am Ort ist mit ihren 59 Euro für den Zwergerl-Kurs nicht nur unschlagbar günstig, sie erspart den Kleinen auch zwei Stunden Busfahrt, weil sie am Hang vor dem Haus übt. Bei guter Schneelage also eine sinnvolle Alternative.

Immer wenn für unsere Region Schnee angesagt ist, beginnt deshalb freitags zuvor der Run auf die Skischule Streifling. Haben Sie bei Aldi im Aktionsangebot schon mal einen Laptop gekauft? Stellen Sie sich die Schlange doppelt so lang vor und die wartenden Mütter kampfbereiter als jeden Aldi-Checker, der mit ausgefahrenen Ellbogen über seine breite Karohemd-Schulter schnauzt: »Ich war vor dir da.«

Weil Mütter aber offensichtlich ein Selbstaufopferungs-Gen in sich tragen, das bei der ersten Wehe aktiviert wird, können uns selbst solche Anmeldeschlangen nicht abschrecken und wir finden uns eines Tages um 7.34 Uhr ebendort. Sieben andere Mütter waren noch früher da. Die eine sogar mit einem Säugling, der wegen der Kälte die Zeit im Auto verbrachte. Da kam ich mir dann ein bisschen weniger verrückt vor. Mein Mann brachte nach einer Stunde einen Pappbecher Kaffee, um mich abzulösen. Er dachte wohl, er hätte was gutzumachen.

Am Freitag zuvor nämlich war Charlie kläglich an der Skischul-Anmeldung gescheitert. Sein Aufopferungs-Gen ist weniger ausgeprägt als meins. »Fahr frühzeitig los, sie werden sicher anstehen«, hatte ich noch gesagt. Weil Väter vage Angaben wie »frühzeitig«, »ein paar« oder »nicht zu viele« aber nicht verstehen, dachte Charlie: »Öffnet der Laden um zehn, bin ich eben um fünf vor da.« Das führte dazu, dass er um halb zwölf wutentbrannt die Haustür aufsperrte und »Scheiß Organisation ... Zustände wie im Sozialismus ... wer unser Geld nicht will, kriegt es auch nicht!« schimpfte. Sie hatten die Anmeldung elf Leute vor ihm geschlossen: »Alle Kurse voll. Versuchen Sie es nächste Woche wieder.«

Es fielen daraufhin seinerseits ein paar Sätze wie: »Ich stell mich doch nicht zwei Stunden in die Kälte!« »Diese Lackaffen!«

Und meinerseits: »Glaubst du deine Kinder hätten jemals am Ferienprogramm teilgenommen, wenn ich deine Einstellung hätte? An der Vorlesenacht? Am Schwimmkurs bei Gabi (statt dem Bundeswehr-Peter)?«

»Ist ja voll krank. Wer macht denn so was?«

»Mütter machen so was.«

O.K., ich gebe zu, zwei Stunden in der Kälte waren es noch nie. Mit meinem Becher Kaffee hatte ich es im Vergleich zu den anderen richtig komfortabel. Ich fühlte mich wie zu Uni-Zeiten, als wir uns an Einschreibtagen ablösten, wenn es um Plätze in scheinpflichtigen Hauptseminaren ging. Charlie hatte denselben Gedanken und sagte: »Es soll ja auch Leute geben, die wegen U2-Karten eine Nacht vor dem Ticket-Schalter verbringen.«

Jetzt könnte man diesen Text beenden mit: Eltern sind also nicht verrückter als der Rest der Welt. Leider sind sie es doch. Der Unterschied nämlich ist: Andere Leute bekommen für ihr Opfer eine Gegenleistung. Ich dagegen bekam zwei Tage später zu hören: »Skikurs? Mama, den will ich jetzt nicht mehr machen. Ich will lieber zu Edi's Geburtstag.«

Weihnachten ist relativ

Als ich Mutter wurde, freute ich mich. Auf Guten-Morgen-Küsschen, Verstecken spielen und Pfannkuchen mit Nutella. Auf Märchen erzählen und darauf, mein altes Schaukelpferd vom Dachboden holen zu können. Am meisten aber freute ich mich auf Weihnachten: gemeinsam Plätzchen backen, Sterne basteln und Sprühschneefiguren am Fenster. Meine Mutter hatte es verstanden, die Adventszeit jedes Jahr zu etwas Besonderem zu machen. Meine Ansprüche an Weihnachten liegen dementsprechend hoch. Doch zwischen Anspruch und Wirklichkeit liegen Welten, wenn man Kinder hat.

Charlie findet mich albern, wenn ich in der Nacht zum 1. Dezember Glitzersternchen im Gang zu den Kinderzimmern verstreue, bevor ich die Adventskalender aufhänge: »Himmelsstaub, der den Englein aus dem Gewand gefallen ist – meinst du nicht, du übertreibst?«, sagt er dann. Er hat recht, was Weihnachten betrifft, bin ich ein bisschen gaga.

Es dauert auch nicht lange, bis meine Weihnachtsstimmung auf den Boden der Tatsachen geholt wird: »Warum hat der Laurin eine Schokolade und ich nur einen Kaugummi im Säckchen?« »Die Marlena hat Gummibärchen, das ist so gemein.« Ich vergesse schon am ersten Tag meine weihnachtliche Harmoniesucht und halte eine Standpauke über Anspruchshaltung. Kurz danach sagt Laurin: »Wenn das Christkind mir nicht den Abschleppwagen, den Teleskoplaster und das Feuerwehrauto bringt, bin ich nicht mehr sein Freund.« Alles klar. »Und das Playmobil-Detektivhauptquartier!« Irgendwas hat er da nicht richtig verstanden.

Am Nachmittag holen wir feierlich die Kiste mit der Weihnachtsdeko aus dem Keller. Darin unter anderem: Plätzchenformen, Sprühschnee und die Krippe. Die Jungs stellen die Figuren auf: Die Hirten bekommen ein Fleckchen zwischen Zeitungsstapel und Fernseher, die Heiligen Drei Könige müssen hinter dem Hochzeitsbild von Tante Sonja auf den 6.1. warten und das Jesuskind wird hinter dem Stall versteckt, es ist ja noch nicht geboren.

Ich trällere währenddessen »Jingle bells« und bin beseelt von Frieden und Besinnlichkeit.

»Tschingis bällt, Tschingis bällt, owa Mann, eseso weit ...«, Laurin singt mit.

Jonas: »Mann, Laurin, du checkst echt gar nichts. Das ist Englisch und heißt oh what fun it is to ride ...«

Laurin: »Blödmann.«

Jonas: »Selber Blödmann.«

Ich: »Kinder, nicht schon wieder streiten, es ist doch Weihnachten.« Gerade läuft mir weißer Sprühschneematsch in den rechten Ärmel – die Flasche vom letzten Jahr hat das Haltbarkeitsdatum überschritten. Meine Mutter ruft an und fragt mich, was sie seit dem 1. September fragt: »Was wollen wir Heiligabend essen?«

Unterdessen hat Marlena umdekoriert: Alle Figuren liegen auf dem Rücken und machen »heija«. Ochs und Esel hat sie eine Ladung trockener Nudeln aus der Puppenküche vor den Stall gekippt. Neben der Krippe parkt der Playmobil-Hubschrauber, ihre neuste Errungenschaft aus dem Zimmer ihres Bruders. Und im Stall steht die für Krippenmaßstäbe überlebensgroße Puppenflasche. Ich habe mein Telefonat noch nicht beendet, als mich ein spitzer Marlenaschrei dazu nötigt: »Babyiiiiiiiiii!« Mit Maria in der Hand sucht sie verzweifelt das noch nicht geborene Jesuskind, das Jonas gerade wieder hinter dem Stall verschwinden lässt. Laurin schreit: »Das ist mein

Hubschrauber!« Meine Nerven sind mittlerweile etwas dünn. Ich hole den noch nicht Geborenen wieder hinter der Hütte hervor und frage: Wollen wir Plätzchen backen?

Eine halbe Stunde später: Laurin pinselt säuberlich jedes Eckchen der Rohlinge mit Zuckerguß aus und braucht dafür so lang wie sein Bruder fürs Aufräumen. Sprich, er wird nie fertig. Marlena schmeißt dafür die glasierten Rohlinge gleich ganz in die Streusel, was bedeutet: Die Schüssel ist verklebt, die Plätzchen kleben, das Kind klebt. Ich weiß nicht, wohin ich zuerst greifen soll, das verflixte Küchenhandtuch ist auch verschwunden und Jonas rollt gerade den nächsten Teig faustdick aus. Der Ofen piepst. Im Radio singt ein Frauensopran »Fröhliche Weihnacht überall«. Und ich denke: Ich bin schon vom 1. Dezember überfordert. Wie hat meine Mutter das nur immer gemacht? Charlie hat völlig recht. Ansprüche an Weihnachten zu stellen, ist mit Kindern wirklich gaga.

Hello-Kitty-Hass-Club

Ohrfeigen könnte ich mich. Ich habe meiner Tochter eine Zwangsneurose verpasst. Tick kann man das nicht mehr nennen. Ehrlich. Und alles nur, weil ich ihr ein Eis gekauft habe: ein Hello-Kitty-Eis. Und so lernte meine Tochter, noch bevor sie das Perfekt beherrschte, das Wort »Ello kiddi«. Was ich vorher nicht wusste: Hello Kitty is watching you. Das Monster ist überall. Auf Haarspangen, auf Trinkflaschen, auf Zahnbürsten im Supermarkt. Auf Geldbörsen, Kopfhörern oder Kinder-Toiletten-Aufsätzen. Wobei man Letzteres auch als Statement begreifen kann und ich neulich sehr mit mir ringen musste, ob es nicht eine gute Idee wäre, meine Tochter künftig auf Hello Kitty urinieren zu lassen. Dieses wasserköpfige, japanische Ungetüm ist die Katzen-Pest in rosa. Und verbreitet sich schneller als das Ebola-Virus. Seit dem folgenschweren Eis im Frühling geht Marlena durch den Tag und sieht Hello Kitty. Sieht – will haben – gleich. Das ist das Motto.

Marlenas Brüder hatten auch Leidenschaften. Ich habe die Bob-der-Baumeister-Phase, die Captain-Sharky-Phase und die Wilde-Kerle-Phase hinter mich gebracht. Ich war immer der Meinung, man muss das nicht alles mitmachen. Bei ihnen hielt sich die Kommerzialisierung der Lebenswelt in Grenzen und ging über einen Bob-Schlafanzug oder ein Sharky-Capi nicht hinaus. Mein Großer hat bisher auch kein Touch-Handy (obwohl »ALLE Klassenkameraden eins haben«) und keine Nike Air (Turnschuhe für 150 Euro). Aber vielleicht sind Mädchen da auch einfach anders. Oder vielleicht sind die Marketingstrategen der Firma Sanrio einfach besonders schlau. Mit Müttern haben sie jedenfalls kein Erbarmen.

Es vergeht kein Tag, an dem wir nicht irgendeinen Hello-Kitty-Aufstand haben. Sind wir im Schwimmbad, schleppt Marlena noch vor dem ersten Gang ins Wasser ein fremdes Handtuch an, auf dem das Katzenvieh prangt. »Marlena, nein, das ist nicht deins.« Fröhliche Ignoranz. »Schatz, guck mal, wir haben auch ein tolles Handtuch. Eins mit bunten Schmetterlingen.« Seelenruhig breitet die Kleine das Handtuch aus und legt sich siegessicher darauf. »Marlena Elisabeth Grüneberg, bring das Handtuch zurück. Jetzt sofort.« In Ermangelung der Kenntnis, wo sie das Laken entwendet hat, und nach einer Runde über den Platz mit heulendem Kind im Schlepptau, stülpe ich das tuchgewordene Untier in meiner Not über den nächsten Busch und ziehe mit meiner Habe ein Stückchen weiter. Ich fürchte mich vor der Reaktion der Besitzerin. Und vor einem nochmaligen Wutanfall meiner Tochter beim erneuten Anblick des Monsterhandtuchs.

Falls irgendjemand glaubt, der Hello-Kitty-Terror sei damit für diesen Tag ausgestanden, der überlege nur kurz, was es an weiteren kindaffinen Werbeflächen für dieses mundlose Geschöpf gibt: Hello-Kitty-Schwimmflügel zum Beispiel. Oder Hello-Kitty-Sandeimerchen. Ein Schwimmbadbesuch ist derzeit ein einziger Spießrutenlauf.

Leider ist man auch an anderen Orten vor dem Hello-Kitty-Terror keineswegs sicher. Sind wir im Café, platziert sich neben uns mit hundertprozentiger Sicherheit ein Teenager, der seine Hello-Kitty-Handtasche auf dem Tisch abstellt. »Meins«, kommentiert meine besessene Kleine und angelt, noch ehe ich gucken kann, nach der Tasche vom Nachbartisch, die sich auf dem Fußboden entleert. Inhalt: Hello-Kitty-Terminkalender, Hello-Kitty-Schlüsselanhänger, Hello-Kitty-Kopfhörer. Und jetzt kommen Sie: Wie überzeugt man eine

Zweijährige in der egozentrischen Phase, dass Dinge einen Besitzer haben? Einen anderen als sie selbst? Falls jemand Vorschläge hat – bitte alle zu mir.

Auch in der Krippe kennt Marlenas Obsession keine Grenzen. Letzte Woche kam sie mit den HK-Haarspangen von Leonie nach Hause. Vorgestern ließ sie den Hello-Kitty-Trinkbecher von Emma in ihrem Rucksack verschwinden. Der Horror geht so weit, dass die Erzieherin erzählt: »Deine Tochter probiert sich durchs Wäschesortiment ihrer Krippen-Kollegen. Heute nach dem Schlafen zog sie sich splitternackt aus und ging im Gang an die Wechselwäsche-Kisten. Ich hab da nicht so den Überblick. Sie hat behauptet, es sei ihrs.« Marlena kam: mit einer Hello-Kitty-Unterhose von wem auch immer, einem Piraten-Shirt von Noah und einer mit Hello Kitty verzierten Hose von Melina. Deren Mama fand das gar nicht witzig. Die Hose landete, als ich sie am nächsten Tag gewaschen und gebügelt zurücktrug, nämlich im Fundus, weil keiner wusste, wem sie gehörte. Seitdem ist sie verschollen. »Wir haben sonst nur Schrott-Hosen«, knurrte Melinas Mutter, »das ist die einzige über 20 Euro, mit der hübschen Stickerei«.

Ich fürchte, Marlenas intensives Hobby führt dazu, dass ich mich bald nirgends mehr blicken lassen kann. Vielleicht sollte ich das Ganze differentialdiagnostisch abklären lassen? Aber was sage ich dem Psychotherapeuten? Meine Tochter ist irre von einer weichgespülten Katze?! Mein Mädchenidol war wenigstens Pipi Langstrumpf. Vielleicht gründe ich stattdessen lieber einen Hello-Kitty-Hass-Club und mache eine politische Bewegung daraus: Nieder mit dem Konsumterror im Kinderzimmer! Sind Sie dabei?

Morgenwahnsinn

Es gibt Tage, an denen man noch vor dem Aufstehen wieder ins Bett will: »Mamaaa! Ello kiddy ose!« 6.17 Uhr. Ich muss seit zwei Minuten aufstehen. Frühstück machen, den Großen zur Schule fertig machen. Ich verkrieche mich im Bett und wünsche mir nur eine Viertelstunde. Nur eine Viertelstunde noch.

Die Nacht hatte mal wieder nur Etappen: Marlena brüllte um halb zwei nach ihrem Schnuller, Laurin hatte um drei einen Albtraum und ich wachte um fünf auf, weil mir kalt war. Normalerweise schlafen die Kleinen bis sieben. Wenn ich Glück habe. Heute habe ich kein Glück. Im Gegenteil. Meine Tochter scheint schon etwas länger wach zu sein und sucht offensichtlich nach ihrer Hello-Kitty-Hose.

Marlenas neuster entwicklungspsychologischer Schritt: ALLEINE. Sich alleine anziehen, sich alleine waschen, alleine Brot schmieren. Doch dazu später. Ich hasse es, wenn die Kinder vor mir aufstehen. Denn es bedeutet, Systeme von null auf 300 hochzufahren.

Als ich in Marlenas Zimmer trete, hat sie sich alleine angezogen, alleine frisiert und alleine eingecremt. In dieser Reihenfolge. Ihre Hello-Kitty-Hose ist nass vor Bodylotion, im Zimmer hängt eine Duftwolke meines neusten Duschgels, ihre Puppe liegt eingecremt auf dem Teppichboden neben einem etwa kuchenblechgroßen weißen Fleck, den ich zunächst nicht zuordnen kann. Marlena trägt obenrum außer einem dünnen Strickjäckchen nichts. Dafür über der Hose die Unterhose. Auf den Kopf hat sie sich ihre Winterpudelmütze gesetzt.

Im Bad steht der Schrank offen, in dem Feuchttücher, Windeln und Creme deponiert sind. Man könnte jetzt sagen: Selber schuld, doch wer die beengten Platzverhältnisse in Reihenmittelhaus-Bädern kennt, sagt das nicht. Zumal – bisher hat sich keines meiner Kinder für den Schrank interessiert.

Jetzt offensichtlich schon. Gerade ist meine Tochter dabei, sich die Lippen mit rotem Kinderduschgel zu betupfen. Sie findet sich schön. Ich ziehe ihr die Mütze vom Kopf und stelle fest, dass die weiße Fläche darunter mit dem Riesen-Fleck auf dem Kinderzimmerteppich identisch ist, bei dem es sich nur um eine Sonnencreme 50+ handeln kann. Die mit Mikropigmenten. Es ist 6.35 Uhr. Ich brauche jetzt einen starken Kaffee.

6.40 Uhr. »Mama, wo haben wir Transparentpapier, Moosgummi und einen grünen Folienstift?«

»Jonas, wozu brauchst du …?«

»Muss ich in die Schule mitbringen.«

Ich beginne eine Schimpftirade über rechtzeitige Planung, das Packen von Schulutensilien und ordentliche Heftführung, während ich der brüllenden Marlena die triefenden Klamotten vom Leib ziehe und sie unter die Dusche stelle.

7.10 Uhr. Während ich mit meiner Tochter diskutiere, ob sie lieber die dunkelrosa Hose oder die hellrosa Hose anziehen will, und sie einen Wutanfall nach dem anderen bekommt, wate ich durch zwei Kisten Spielzeug, die mein mittlerer Sohn im Flur ausgekippt hat, um seinen blauen Gummiritter zu suchen. »Laurin, du musst dich endlich anziehen.«

»Aber heut ist Spielzeugtag!«

Ich wiederhole die Standpauke für seinen großen Bruder nahezu wortgleich und hake die Bahn um 7.52 Uhr ab, weil mir einfällt, dass ich noch Hackfleisch fürs Abendessen auftauen muss, Einkaufszettel schreiben und wieder mal niemand den Windeleimer entleert hat. »MAUS!«

»Marlena, das Maus-T-Shirt ist in der Wäsche.«
»MAUS!«
»Schatz, wie wär's mit den Schmetterlingen?«
»MAUS-T-SIRT!!!«
Lieber Gott, hab doch Erbarmen.

7.20 Uhr. »ALLEINE!!!« Meine Tochter und ich bearbeiten mit zwei Messern einen Frühstückstoast und versuchen harte Butterklumpen auf ihm zu verstreichen. »ALLEINE!!!« Ihr Versuch, sich Milch in ihre Tasse zu gießen, scheitert. Der Tasseninhalt ergießt sich über Toast und Tisch. »ALLEINE!!!« Wir zerren beide an einem Geschirrtuch zum Aufwischen. Ich werde immer wütender. Und dann, vor der Waschmaschine, explodiere ich. Die Jeans, die ich anziehen will, liegt nass in der Maschine, obwohl ich Charlie gestern vor dem Schlafengehen gebeten hatte, die Wäsche in den Trockner zu räumen. Glück für ihn, dass er gerade Frühdienst hat.

Ich kann nicht behaupten, dass ich danach für Marlenas ALLEINgänge beim Zähneputzen und Schuhanziehen noch genügend Geduld aufbringe.

7.50 Uhr. Beim Betreten des Kindergartens treffe ich einen Vater und sage völlig entnervt: »Kennst du auch diese Tage, an denen man seine Kinder richtig gerne abgibt?« Er schaut mich an und grinst: »Ja, Montag, Dienstag, Mittwoch, Donnerstag und Freitag.« Es gibt Tage, da braucht es ein ehrliches Bekenntnis, um den Morgen zu retten.

Balla Balla

Man muss seine Kinder nicht immer verstehen, oder? Ich beispielsweise werde nie begreifen, was Jungs so faszinierend an Waffen finden. Laurin sagt Sätze wie: »Mama, Silvester ist viel schöner als Weihnachten.« Auf meinen Einwand, aber da gebe es doch gar keine Geschenke, erwidert er: »Aber an Silvester kann man ballern. Ich will, dass jetzt vier Tage hintereinander Silvester ist!« Woraufhin er den Rest der übrig gebliebenen Knallfrosch-Packung verpulvert und genießerisch kommentiert: »Mmmh, wie das riecht!« Ja, man muss das nicht verstehen.

Genauso wenig verstehe ich, wie man aus einem Wiener Würstchen beim Abendessen eine Handfeuerwaffe machen kann und warum der große Bruder diesen Angriff mit einer Landjäger beantwortet. Ich frage mich auch, wie man dazu kommt, sich aus einer friedlichen Serie wie Biene Maja ausgerechnet die Militaristen zur Nachahmung herauszusuchen, um morgens um sieben mit einem »links zwo, drei, vier – Abteilung halt!« vor der Schlafzimmertür den Ameisenoberst zu geben. Oder folgende Szene: Man kommt nichts ahnend nach Hause und begegnet plötzlich dem Mittleren, der mit einem Kochlöffel in der Gürtelschnalle bewaffnet ist. Hinterher stürmt, »Attaaacke« brüllend, der Große, mit Omas silbernem Tortenmesser in der Hand, gefolgt vom Vater (ich sagte ja, ich verstehe es nicht), der unsere Wohnzimmerkerze als Maschinengewehr missbraucht. Vom einstigen Kriegsdienstverweigerer keine Spur. Evolutionstechnisch sitzen meine Jungs, was ihr Verhältnis zu Waffen betrifft, noch auf den Bäumen.

Als mich allerdings neulich Marlena mit einem »Hände hoch!« auf der Toilette überraschte und aus ihrem rosa Handtäschchen die schwarze Plastik-Vz24 ihres Bruders fingerte, dachte ich darüber nach, ob ich den militaristischen Tendenzen meiner Söhne nicht doch Einhalt gebieten sollte. Auf die kleine Schwester jedenfalls haben sie mir eindeutig zu viel Einfluss.

Doch in der Faschingszeit sind meine Bemühungen, den Waffenkult einzudämmen – mit halbwegs korrekten Weichgummischwertern etwa –, zum Scheitern verurteilt. Im Januar und Februar sind bei uns Platzpatronen nämlich erlaubt, weil keine Mutter ihrem Kind ein metallisches »Klick« zumuten möchte, wenn die anderen auf der Party mit »Peng« ballern. Das wissen die Kinder und fragen schon seit Dezember: »Wann kaufen wir Munition?« Mit meiner Saugnapfarmbrust kann ich dann einpacken. Und werde jedes Jahr wieder unsicher, ob ich mir Vorwürfe machen werde, wenn sie mit 16 zum Schützenverein gehen werden statt zum Handballtraining.

Ein Erziehungsexperte hat mir mal erklärt, dass Waffen für Kinder eine wichtige Funktion haben: Sie könnten damit negative Gefühle ausleben, Ängste bearbeiten, feststellen, dass sie den Räuber, den Wolf, das Böse an sich neutralisieren können. Er riet Eltern zu mehr Gelassenheit, Verbote brächten nichts, im Gegenteil: damit würden Waffen erst zum Thema.

Ich versuche das mit der Gelassenheit seither. Wirklich. Selbst bei Onkel Karl. Onkel Karl wohnt im Sauerland in einem Haus im Wald mit ziemlich vielen Geweihen im Wohnzimmer. Und einem Bärenkopf an der Wand. Onkel Karl ist Jäger. Und was Onkel Karl zum Helden meiner Kinder macht: Er hat ein Gewehr. Ein echtes. Bei der Rückkehr vom Hochsitz musste sich mein Mann letztens von Laurin fragen lassen: »Und Papa, was hast du Tolles zum Totmachen?«

Ja, da kommt man ins Grübeln. Doch ich weiß, bei zwei Jungs kommt der Pazifismus früher oder später sowieso unter die Räder: Der Große jedenfalls, dem ich noch einredete, Feuerwehrmänner seien als Faschingskostüm viel cooler als Cowboys, saß mit zehn Jahren in der Baugrube auf dem Nachbarsgrundstück und ließ mit Backpulverbomben Sandhaufen in die Luft gehen. Und Marlena? Hatte gestern in den Gürtel ihres Prinzessinnen-Kostüms eine Streitaxt gestopft. Ich werde doch Abrüstungs-Verhandlungen einleiten müssen. An Aschermittwoch. Spätestens.

Verreisen mit Kind

Wenn meine Großmutter, eine viel gereiste Rentnerin, in den Vorbereitungen für ihren nächsten Urlaub steckte, pflegte sie stets zu sagen: »Man reist nicht, um anzukommen, sondern um zu reisen.« Super Spruch. Mit Kindern nur leider völliger Blödsinn. Man will mit Kindern nur eines: ankommen. Nichts am Urlaub ist weniger erholsam als die Fahrt. Es soll ja Kinder geben, die Autofahren lieben und immer schlafen oder selbstständig Bücher angucken. Meine gehören nicht dazu. Sie sind bereits an der Autobahnausfahrt Sulzmoos genervt, haben kurz vor Ulm ihren Proviant an Obst, Salzstangen und Schoki restlos leer gefuttert und müssen ab Heidenheim aufs Klo. Abwechselnd, versteht sich.

Mit der Kleinen haben wir noch Glück, sie schläft die ersten drei Stunden. Was die restlichen vier von sieben Stunden umso anstrengender macht. Bis dahin spiele ich mit den Großen Quartett, beantworte Fragen wie: »Wann sind wir in Bremen?«, »Gibt's bei Tante Sonja Kuchen?«, »Sind 100 Kilometer viel?« und bestimme, wer die nächsten fünf Minuten das Polizeiauto haben darf. Angesichts pausenlosen Sirenengeheuls von der Rückbank frage ich mich, warum dieses Auto meiner Packzensur am Vortag entgangen ist (»Nein, Laurin, von den 15 gepackten Autos reichen auch fünf. Jonas, wozu bitte brauchst du das Club-Trikot inklusive Fan-Schal und Fahne im Urlaub?), und schiele sehnsüchtig nach der Zeitung im Fußraum, die ich irgendwann heute noch lesen will.

Auf meinen Vorschlag zu singen reagiert Jonas mit »Nie mehr Zweite Liga« und weiteren Fangesängen, in die der

Kleine begeistert einstimmt: »Nie mehr zweite Liege«, was der große Bruder mit einem verächtlichen: »Mann, Laurin, du bist so was von der Nullchecker« quittiert. Heulen, Tränen, Marlena wird wach. Großartig.

Ich verschwende einen Gedanken an den portablen DVD-Player, den es letztens bei Aldi im Angebot gab: mit Befestigungsdisplay für die Kopfstützen. Meine Freundin Ute hat so was seit zwei Jahren und meint, seitdem sei selbst die Reise in die Bretagne kein Problem mehr. Aber nein, ich wehre mich ja schon gegen Jonas' Nintendo, den es nur unter strengen Auflagen gibt. Ich weiß auch nicht. Ich finde, Kinder müssen einfach auch mal aus dem Fenster gucken. In die Landschaft starren, den Gedanken nachhängen – das können die überhaupt nicht mehr.

Captain Sharky aus dem Kassettenfach des Autoradios schafft es, Laurin abzustellen, verhindert aber auch, dass ich den Leitartikel zur Hand nehme. Bei »Hojohe joho, Piraten sind nun mal so« kann sich niemand auf Wirtschaftskrise oder Eurorettung konzentrieren, auch wenn die Thematik durchaus ähnlich ist. Stattdessen diskutiere ich mit dem Großen, ob es unbedingt McDonalds sein muss oder ob ein Burger King nicht auch reicht. Seit fünf Ausfahrten halten wir nach dem »goldenen M« Ausschau und begegnen einem (O-Ton Jonas:) »Würgerking« nach dem anderen. Mir würde eine kinderfreundliche Raststätte schon vollauf genügen – mit eingezäuntem Spielplatz und Wickelraum. Hat der Autobahndirektion eigentlich schon mal irgendjemand gesagt, dass ein Symbol für Kinderfreundlichkeit auf die blauen Raststättenschilder gehört? Selbst Autobahnkapellen weisen wir aus. Aber Eltern müssen erst mal rausfahren, um festzustellen, dass es weder Kinderstühlchen noch Rutsche gibt.

Wir halten an einer Raststätte. Marlena müffelt. Die Großen ziehen mit dem Vater und meinem Geldbeutel ab zur

Männertoilette. Fürs Geschäft auf der Autobahn braucht man ja mittlerweile überall 50 Cent. Der Wickelraum ist abgesperrt: »Schlüssel an der Kasse.« Also durch den Laden, die erste Hürde nehmen, bestehend aus Reihen von Schokostangen, Gummibärchen und Bonbontüten auf Kinderaugenhöhe. Die zweite Hürde: Das zappelnde Kind und eine schwere Wickeltasche so balancieren, dass keinem der Wartenden in der Schlange der gerade gezogene Kaffee aus der Hand geschlagen oder die Brille vom Kopf gerissen wird. Dritte Hürde: »Könnten wir bitte ... Marlena, sch ... den Schlüssel ... au, meine Haare ... zum Wickelraum ...?«

»Nur gegen Pfand.«

»Äh ... Geldbeutel hab ich grad nicht ...«

»Tja.«

»Ich kann Ihnen den Schnuller anbieten.«

»Irgendwas Wertvolles, Handy, Kamera?«

Man möchte dem gelangweilten Hessen gern sagen: »Der Schnuller IST das WERTVOLLSTE, was Eltern besitzen!«, aber er hat auch so Erbarmen und rückt, wenn auch murrend, den Schlüssel heraus.

Zurück im Auto singen wir. Diesmal richtig. Am liebsten mögen sie es, wenn man selber dichtet: »Frère Jaques, halt die Klappe, dormez vous, blöde Kuh, sonnez les matines, alte Waschmaschine, dingdangdong, Schuhkarton.« Laurin fällt vor Kaputtlachen fast aus dem Sitz.

Nach einer Stunde und elf Minuten ist mein Mund trocken und meine Kinder müde. Endlich. Wir sind kurz vor Hannover. Jetzt meine Zeitung ... »Du, Schatz, könntest du übernehmen, ich kann nicht mehr.« Während ich die restlichen einhalb Stunden ans Steuer rutsche, liest mein Mann die komplette Zeitung. Inklusive Feuilleton. Irgendwas mache ich falsch.

Binde-Entzündung

Ein, zwei Mal im Jahr grassiert bei Grünebergs die Konjunktivitis: geschwollene Lider, verstärkt gefüllte Blutgefäße und rote Augen. Im Volksmund ist sie bekannt unter »Bindehautentzündung« und hat viele Ursachen.

Bei den Grüneberg-Kindern zum Beispiel: Nachbars schlammverdreckter Hund, dessen Halstuch als Augenbinde beim Versteckspiel herhalten muss. Oder das pädagogisch wertvolle Kinderbeet, das sie selbst bearbeiten dürfen. Mit dem Dreck unter den Fingernägeln hat man dann noch eine Woche später was vom Naturerlebnis.

Bei den Grüneberg-Erwachsenen sind Ursache und Krankheitsbild etwas komplizierter. Hier geht die Konjunktivitis häufig auf nicht entleerte Spülmaschinen oder nicht besorgtes Brot zurück. Oder aber auf nicht unternommene Segelausflüge, die zur Folge haben, dass der Vater mit Türen knallt, die Mutter verheult im Bad sitzt und Laurin fragt: »Habt ihr auch eine Binde-Entzündung?«

Eine Analyse:

Der Erreger

Letzten Sonntag wollte mein Mann unbedingt zum Segeln. Morgens war ein Bärenwind, wunderschönes Wetter. Er sagte: »Super, wenn nachher meine Mutter kommt, kann sie doch die Kleine nehmen und du gehst mal mit aufs Boot.« Eigentlich hatten wir geplant, unseren Garten auf Vordermann zu bringen, Charlies Mutter hatte außerdem sicher wenig Bock nach zweieinhalb Stunden Autofahrt aus Nürnberg Marlena-Wirbelwind zu übernehmen und um den Starnberger See zu latschen, während der Rest der Familie den Nachmittag auf dem Wasser verbringt. Und dann rief auch noch meine Mutter an, die sich mit meiner Schwester zerkracht hatte und am Nachmittag gern auf einen Kaffee vorbeigekommen wäre. Deshalb sagte ich irgendwann: »Heute ist das einfach eine Schnapsidee.« Genervter Blick, Zucken in der Unterlippe. Ausbruch: »Mit dir ist überhaupt nichts mehr anzufangen. Du betreibst nur noch Cocooning und Kaffeetrinken mit deiner Mutter. Wer weiß, wann wieder so gutes Wetter ist.« Rumms. Das saß. Ich gifte zurück: »Was willst du eigentlich von mir? Ich soll segeln gehen und mit dir klettern und mountainbiken, nebenbei noch den Garten in Ordnung halten, drei Kinder beaufsichtigen und den Haushalt schmeißen! Irgendwann ist wieder Segelwetter!«

»Irgendwann. Wenn wir alles immer auf ›Irgendwann‹ verschieben, machen wir gar nichts mehr. Aber es ist ja gut zu wissen, dass du daran kein Interesse hast. Ich sag dir gleich, ich werde hier nicht versauern, ich mach das dann eben für mich alleine!«

Großartig. Charlie knallte mit der Tür und ging zum Rasenmähen, ich ging zum Heulen, und Jonas verließ fluchtartig das Haus zum Sportplatz. Schöner Sonntag.

Die Symptome

Ich fühlte mich den restlichen Tag unsportlich, unattraktiv und »muttihaft«. Da hat man sich so schön in seinem neuen Leben eingerichtet. Genießt es, Mama sein zu dürfen, kostet jede Minute mit den Kindern aus, freut sich, das Haus mit diversen Besuchen beim Schweden auszustatten, kauft Kochbücher über gute Kinderernährung und zelebriert Weihnachten, Ostern und Geburtstage wie im Bilderbuch – und der Mann findet dich scheiße.

Charlie meint, ich sehe das zu grundsätzlich. Aber wahrscheinlich sind wir Frauen immer gleich grundsätzlich, wenn wir mit unseren Männern streiten.

Heilungschancen

In der Regel heilt die Grüneberg'sche Konjunktivitis bei ordentlicher Sekretabsonderung schnell wieder ab. Wir haben uns am Abend wieder versöhnt. Auch wenn das Cocooning immer noch schmerzt und etwas in mir flüstert: »Hausfrauchen, Hausfrauchen!« Wahrscheinlich wird er mich irgendwann wegen einer jüngeren Praktikantin verlassen. Wenn ich so etwas sage, findet mich Charlie doof: »Dass man mit dir nicht mal einfach nur streiten kann. Eine Meinungsverschiedenheit ist bei dir immer schon ein halbes Trennungsgespräch.« Er hat recht. Gegen Binde-Entzündung kämpfe ich lieber gleich mit Antibiotika und überspringe die Euphrasia-Strecke.

Prophylaxe

Wir haben übrigens festgestellt, dass der Konjunktivitis vorgebeugt werden kann, indem man vermeidet, sich zu sehr aufzuteilen zwischen Haushalt, Mathe-Aufgaben und Kindergartenbrote-Schmieren. Und wir schaffen uns Inseln: Ein Mal im Jahr ein freies Wochenende ohne Kinder. Darauf freuen wir uns Monate im Voraus. Noch drei Wochen bis dahin. Es wird Zeit.

Vater-Tochter-Beziehung

Väter haben es ja nicht leicht. Sie haben Ehefrauen, die genervt sind, wenn sie den Windeleimer nicht leeren, Chefs, die Überstunden für selbstverständlich halten, Kinder, die anklagen: »Nie hast du Zeit zum Fußballspielen.« Und das Bad putzen sollen sie samstags auch noch. Väter von Jungs können das irgendwie ertragen, werden sie doch mit einer Runde Spielzeugautorennen oder einer Playmo-Ritterschlacht entschädigt. Oder später, an Bundesliga-Samstagen, mit einer gemeinsamen Sitzung vor dem Fernseher.

Väter von Mädchen dagegen können einem leidtun. Sie ernten, nachdem sie mit dem Bad-Putzen fertig sind, nichts als ein vorwurfsvolles: »Papa hat die Putza wegstellt.« Weil die Hello-Kitty-Zahnbürste nicht mehr links neben dem Wasserhahn steht, sondern rechts neben dem Waschbecken. Auch sonst haben Väter von zweijährigen Mädchen nicht viel zu lachen. »Du nicht Brot smiern. Mama«, kommandiert Marlena entschieden am Abendbrottisch. »Nicht Papa Schoß« heißt es, wenn sich Madame ihren großen Zeh am Türrahmen angestoßen hat. Lieber humpelt sie selbst von dannen, als sich von Papa helfen zu lassen.

Charlie ist hart im Nehmen. Und bemüht sich redlich. Selbst morgens, wenn er neben dem kleinen Wolf im Lillifee-Pelz aufwacht: »Guten Morgen Prinzessin, hast du diese Nacht wieder mal bei uns geschlafen?« Und Marlena ihn mit einem lapidaren »Du stinkst!« begrüßt. Im weiteren Verlauf des Morgens spielt sie Katz und Maus mit ihm: »Du willst bei 15 Grad draußen unbedingt ein Kleidchen anziehen. Na ja, also, wie wär's mit dem mit den Herzen?« – »Die Jeans über das Kleidchen?! Das geht aber nicht, mein Schatz.« – »Nehmen wir stattdessen das rosa Langarmshirt?« – »Ja ist ja gut, also das rote.« – »Was? Eine Strumpfhose anziehen?« – »Also doch mit dem Kleidchen?« – »Schrei doch nicht so! Nicht das Herzlein-Kleid?!« – »Aber du wolltest doch unbedingt das Herzlein-Kleid! Schrei mich nicht so an, wir sind nicht verheiratet!«

Man möchte sich dazwischen werfen und ihm sagen: Lass dir doch nicht so auf der Nase rumtanzen, bei den Jungs warst du doch auch nicht so vorsichtig. Er entgegnet dann meist: »Ja, aber die Jungs sind kalkulierbar. Bei ihr dagegen weißt du nie, wann sie hochgeht.« Weil ich froh bin, dass die beiden endlich irgendeine Art von Beziehung führen, sage ich nichts weiter. Die Alternative sähe so aus wie in den vergangenen zweieinhalb Jahren: »Ich verstehe deine Tochter sowieso nicht. Übernimm du sie, ich kümmer mich um die Jungs.«

Manchmal führen ihre Streitereien um alltägliche Kleinigkeiten zu einem Durchbruch. Als ich mich neulich einmischte und vorschlug, er solle sie einfach plärrend an der Treppe in den Keller stehen lassen, ich käme jetzt nicht, um sie zu holen, meinte sie nach kurzer Bedenkzeit honigsüß: »Papa tragen« – klimper-klimper. Als Therapeutin eigne ich mich dennoch nicht. Das Vaterherz wurde nämlich weich und ich bekam zu hören: »Man ist euren Launen einfach auf Gedeih und Verderb ausgeliefert. Ihr übt das doch vom ersten Tag an!«

Die Vater-Tochter-Beziehung soll ja von enormer Bedeutung für das spätere Leben einer Frau sein. Väter sind der erste Mann in ihrem Leben und lehren ihre Töchter, wie die Männerwelt denkt. Na bravo. Bislang lernt meine Tochter: Du kannst noch so gemein sein, der Esel macht sowieso alles, was du willst. Ich frage mich nur, warum das nicht bei mir funktioniert. Vielleicht bin ich einfach nicht gemein genug.

Vater-Tochter-Beziehungen sind nicht rational. Gestern meinte meine Tochter passend zur Gute-Nacht-Geschichte: »Marlena Röschen.« »Du bist Dornröschen?« Nicken. »Und wer ist dein Prinz?« »Papa.« »Und wer ist die Mama?« »Böse Hexe!« Die Psychoanalyse geht vom sogenannten »Elektrakomplex« aus und behauptet, Mädchen würden sich zwischen dem dritten und fünften Lebensjahr in ihre Väter verlieben und aufgrund des Penisneids Hass auf die Mutter entwickeln. Elektra stiftet in der griechischen Mythologie immerhin den Bruder zum Mord an ihrer Mutter an.

Vielleicht ist mein Mitleid mit den Vätern doch falsch platziert?

EXPERIMENTIER-PHASEN

Wer Kinder erzieht, hat eines mit Sicherheit schnell begriffen: Das Prinzip »trial and error« ist das einzige, auf das wirklich Verlass ist. Ausprobieren ist also die Hauptbeschäftigung von Eltern. Ganz besonders in der Experimentierphase: Kügelchen zum Beispiel gegen Ohrenweh. Oder außergewöhnliche Nächtigungsweisen. Auch Weihnachtsfeste oder der Urlaub in einem Kinderhotel können als Experimente gewertet werden und als solche nur gelingen, sofern allen Beteiligten klar ist: Mit Kindern herrscht aus Prinzip Chaos. Beschweren ist zwecklos. Schließlich hat man es ja so gewollt.

Aber keine Bange. Am Ende dieser Phase sehen Sie alles viel gelassener.

Erziehungsweisheiten

Das wirklich Blödeste am Elternsein ist dieses Stochern im Nebel: Wie kriegst du das Kind dazu, das eine zu tun und das andere zu lassen? Wie bringst du ihm bei, dass man im Sommer nicht in Winterstiefeln läuft, auch wenn sie rosa Plüsch haben und in der Kiste mit Altklamotten ihrer Tochter stecken, die Tante Judy vorbeigebracht hat? Die Autoritäre raushängen lassen und einfach verbieten?

Funktioniert nur bei Kleinkindern bis etwa zwei Jahre. Danach antworten sie auf repressiven Erziehungsstil mit einem echten Schlechte-Laune-Unwetter und man bestätigt ihnen im Juli, dass bald Weihnachten ist, nur um dem Toben ein Ende zu setzen. Und selbst das funktioniert dann nur bedingt.

Wie macht man Kindern klar, dass in ein ordentliches Müsli nicht nur Schokostückchen, sondern auch (mindestens) zwei Löffel frische Früchte gehören? Für die Mama übrigens extra fünf Minuten früher das Bett verlassen hat. Kostbare fünf Minuten, wie jeder weiß, der nachts unterwegs ist, um ein Getränk anzureichen, frierende Beine zuzudecken oder einfach einen Schlafplatz zu finden, der nicht von einem Kind in Beschlag genommen ist. An die Vernunft appellieren?

Funktioniert überhaupt nicht, denn große Brüder machen vor, dass sie sonst einfach ohne Frühstück aus dem Haus gehen, weshalb das Schokomüsli ohne Früchte immer noch die bessere Alternative ist.

Das Einzige, was funktioniert, ist eine Methode, die nicht ganz astrein ist. Sie wird in schlauen Erziehungsratgebern gegeißelt, doch mangels Alternativen von allen Eltern angewendet: Die Wenn-Dann-Erziehung. Sie ist eine pädagogische Bankrott-Erklärung, aber wie geschaffen für Eltern, die das Stochern im Nebel und Berechnen von kindlichen Reaktionen fernab jeder Logik satt haben: »Wenn du dir nicht die Zähne putzen lässt, gibt es keine Geschichte«, »Wenn du dich nicht auszieshst, gibt es kein Fernsehen«, »Wenn du jetzt nicht die Jacke mitnimmst, gehst du nicht zu deinem Freund«. Das Ganze erfüllt den Straftatbestand der Nötigung, ist aber oft die einzige Möglichkeit, trotzende, pubertierende oder faule Kinder zum Mitmachen zu bewegen. »Wenn du jetzt nicht endlich deine Star-Wars-Karten weglegst und mir hilfst, die Spülmaschine auszuräumen, geb ich dir heute kein Taschengeld mehr.« Warum? »Weil ich dann die Spülmaschine ausräume und keine Zeit habe, zur Bank zu fahren.«

Erstaunlich wirkungsvoll erweist sich eine weitere Methode: Die Zähl-Taktik. »Ich zähl jetzt bis drei« funktioniert nicht nur fast, sondern immer. Auch wenn schon Dreijährige wissen, dass nach drei nicht der Weltuntergang, sondern einfach vier kommt. Die Zahlen haben offensichtlich so eine Wirkung, dass Kinder unglaubliche Dinge tun, wie zum Beispiel Hände waschen. Oder den Tisch decken.

Methoden wie Erpressung und Nötigung haben leider nur einen Haken. Man verrennt sich leicht. So geschehen beim letzten Abendessen: »Marlena, die Rinde wird mitgegessen, nur Babys bekommen die Rinde weggeschnitten ... Also Babys können aber nicht länger aufbleiben. Gut, dann gibt es heute keinen Sandmann. Marlena, du isst jetzt die Rinde! O.K., dann gehst du jetzt ins Bett. Nein? Dann iss!!!«

Die Wenn-Dann-Methode inflationär zu gebrauchen ist keine gute Idee. Und schon gar nicht unter Zeitdruck: »Wir bleiben jetzt so lange am Tisch sitzen, bis du sie gegessen hast.« (Und was ist mit dem Elternabend, nachher um halb acht? Bis dahin muss Marlena ausgezogen und im Bett sein.) »Ein Baby braucht auch keine Gute-Nacht-Geschichte.« (Klar, wie auch, der Babysitter kommt in einer Viertelstunde.)

Ich verrannte mich so in die Sache, dass ich überhaupt nicht mehr nachdachte: »Dann gibt es jetzt eben kein Brot mehr für dich.« (Sabine, bist du bekloppt? Schau dir den ungläubigen Blick deiner Tochter an!) Schönes Eigentor. »Feetig!«, sagt Marlena und schiebt sich triumphierend vom Stuhl.

Halten wir also fest: Es gibt Erziehungsmethoden, die funktionieren. Und es gibt wie bei allem die richtige Dosis. Und es gibt Eltern, die zu wenig Geduld haben. Wie mich.

Sauber werden

Meine Tochter hat ein neues Wort gelernt: »IIIIHHH-gitt«. Für Spracherweiterungen sind ja normalerweise ihre Brüder zuständig. Was der Kleinen mit ihren 22 Monaten zu einem im Vergleich zu Erstgeborenen ungeheuerlichen Wortschatz verhilft. Sie führt in ihrem Repertoire neben Begrifflichkeiten wie Capi, fernsehen und Schokolade bereits »Seiße« und »eil«. »Scheiße« und »geil« sind so ziemlich das Schlimmste, wenn man im Bäckerladen zwischen der Dorftratsche und der Nachbarin von gegenüber steht.

Nicht auszudenken, hätte die Lerneinheit ihres elfjährigen Bruders neulich Früchte gezeigt: Er hatte den Auftrag, mit ihr zu spielen, während ich das Abendessen zubereitete. Nach einer Viertelstunde kam er freudig mit ihr an der Hand die Treppe herunter und meinte stolz: »Marlena, sag was du kannst.« Stille. »Na, sag's.« Glockenhelle Stimme, strahlender Kinderblick: »Sa-sie«. Verständnisloser Mutterblick. »Sackgesicht – hab ich ihr beigebracht!« Besser wir reden nicht darüber, wie ich darauf reagiert habe. Als ELTERN-Autorin schreibe ich zwar kluge Artikel über pädagogisch wertvolle Erziehung, handele aber trotzdem manchmal im Affekt.

Wo war ich stehen geblieben? Ach ja, bei IIIIHHH-gitt. Für dieses Wort ist ausnahmsweise der Vater zuständig. Väter von einem Kind sagen »IIIIHHH-gitt«, wenn sie zum ersten Mal die Windel wechseln. Väter von zwei und mehr Kindern haben das und auch die erste Fleischgläschen-Windel hinter sich, sind auch vom Magen-Darm-Virus nicht mehr zu schocken und reagieren auf einen erfolgreichen Töpfchengang euphorisch: »Toll hast du das gemacht, mein Schatz, das nenn ich mal eine ordentliche Wurst!« Väter wie Charlie sagen »IIIIHHH-gitt« nur noch in wirklich ekligen Situationen.

Zum Beispiel, wenn sie ihre Tochter vom Mittagsschlaf erlösen wollen und feststellen, dass sie gar keinen gemacht hat. Stattdessen hat sie ihren Windelinhalt untersucht. Und im Bett verteilt. Und probiert. Jedenfalls tat es einen Schrei aus dem Kinderzimmer. Als nächstes waren die Dusche und Marlenas Gebrüll zu hören, begleitet von inbrünstigen »Bähs« und »IIIHHH-gitts« des Vaters. Irgendwann auch piepsigen »Gitts« und »IIHs« der Tochter. Es dauerte eine halbe Stunde, bis die Gitterstäbe wieder durchgehend helles Buchefurnier zeigten, das Bett frisch bezogen war, die grüne Blumenwiese an der Wand von braunen Fingerabdrücken befreit und die nutellafarbenen Ränder auf Marlenas Oberlippe entfernt waren. Währenddessen gaben Vater und Tochter gemeinsam weitere »Bäs« und »IIIIHHH-gitts« von sich und versicherten sich gegenseitig der Ekelhaftigkeit des Seins.

Danach setzte sich Charlie erschöpft an den Küchentisch und fragte, ob wir jetzt nicht den Kinderarzt konsultieren sollten: »Ist es eigentlich gefährlich, wenn ein Kind seine eigene Kacke isst? Mir ist schlecht.« Ich revanchierte mich mit einem Schnaps und einer ordentlichen Portion Bewunderung.

Am Abend las ich einen Fachartikel über »Fäkalfaszination bei Kleinkindern«. Ein Diplom-Psychologe riet zur Gelassenheit, kleine Kinder seien »Sexualforscher, die sich besonders für Ausscheidungsorgane und ihre Produkte interessieren und experimentieren dürfen«. Na ja, ich weiß ja nicht. Der Herr Psychologe hat wahrscheinlich keine Kinder, die mit ihren Windeln experimentieren. Oder, wenn sie schon eine Entwicklungsstufe weiter sind, verbal experimentieren und ihm morgens ein zärtliches »Aufstehen, du Pups« ins Ohr flüstern. Laurin widmet sich dem Thema nämlich gerade mindestens so eingehend wie seine Schwester und kann sich kaputtlachen über das rote »Kacka-Auto« unserer Nachbarn, das »Popo-Brötchen« am Sonntagmorgen, die »Piesi-Schuhe« der Mutter. Mittags begrüßt er seinen Bruder, der aus der Schule kommt, prinzipiell mit einem »Hallo du Schwein«. Der Herr Diplom-Psychologe muss mir erst noch erklären, wie man angesichts dieser Experimentierfreude gelassen bleibt. Bis dahin schicke ich unsere Kinder ins Bad, dort können sie ihre Ausdrücke dem Klo erzählen. Und Marlena trägt ab sofort nur noch Höschenwindeln. Damit Charlie und ich gelassen bleiben, genehmigen wir uns jetzt öfter eine Tafel Schokolade. Ein echter Tipp. Die hilft bei dieser Art von Ausscheidungsprozessen ungemein.

Homöopathie

Seit dem Winter habe ich ein Verhältnis. Ich kann mir ein Leben ohne ihn gar nicht mehr vorstellen. Auch meine Kinder akzeptieren unseren Hausgenossen mittlerweile, weil sie mit ihm »Shaun das Schaf« und »Simsalagrimm« gucken dürfen. Er heißt Pariboy – Rächer abwehrkräftiger Mütter, Komplize im Kampf gegen die Krankheitserreger. Die Kinderärztin hat ihn vermittelt: »Was – Sie haben drei Kinder und noch keinen Pariboy?! Dann wird es aber Zeit.« Er ist ein bisschen gelb, hat ein extra großes Mundstück und vernebelt alles was mit Husten, Bronchitis und Halsentzündung zu tun hat. Momentan hängen die Kinder alle drei an seinem Anschlussschlauch. In Sachen Kranksein sind wir in diesem Jahr nämlich besonders gründlich. Wir haben alles und alles gleichzeitig. Angeblich hat ein Kind 68 Infekte bis zum siebten Lebensjahr – wir haben allein in den letzten Monaten ein Fünftel davon abgearbeitet.

Ich bin von den Großen ja einiges gewöhnt. Laufende Nasen sind bei uns von Mitte Oktober bis Anfang Mai Dauerzustand und sorgen mich nicht mehr. Auch den obligatorischen Brechdurchfall im November und Januar kalkuliere ich mittlerweile ein. Seitdem der Erste in den Kindergarten kam, verging bisher kein Jahr, in dem wir ihn nicht hatten. Leider war er in diesem Jahr nicht so gnädig, dass er versetzt kam: Wir hingen eine Woche lang alle zusammen über den Schüsseln des Hauses.

Schuld ist die Kita, dieses Freudenhaus der Erreger, wo die Bazillen Orgien zu feiern scheinen und die Paarung von Streptokokken, Pneumokokken und Staphylokokken kräftige

Unterstützung erfährt. Marlena war in diesem Winter vielleicht 14 Tage am Stück in der Krippe. Unser Dauerbrenner: Bronchitis. Und weil der Pariboy mittlerweile nicht mehr nur Kochsalzlösung vernebelt, sondern die Kinderärztin Kortison verschrieben hat, war ich vor einigen Wochen endlich so weit, das Ganze homöopathisch anzugehen.

In grandioser Selbstüberschätzung suchte ich mir die dem Ruf nach beste homöopathische Ärztin im Landkreis und fuhr mit dem bellenden Kind 18 Kilometer in die Praxis. Nach einstündiger Anamnese und fünf milchweißen Zuckerkügelchen waren wir wieder draußen und voller hustender Hoffnung. Am nächsten Tag: Fieber. »Ganz normal, Erstverschlimmerung«, erkläre ich meinem skeptischen Mann und rufe in der Redaktion an, dass ich heute nicht arbeiten kann. Wir geben weitere, im Wasserglas aufgelöste Zuckerkügelchen. Am folgenden Tag: Husten, Fieber, Ohrenweh. 18 Kilometer später: »Nein, keine Schleimlöser oder Ohrentropfen«, sagt die Ärztin, es würde das Ergebnis verfälschen. Also gut. Die Nächte sind schrecklich, keiner schläft, Marlena hustet entweder oder sie weint. Sie tut mir so leid. Zwei Tage später: Husten, Ohrenweh, kein Fieber mehr. Dafür kann das Kind nicht mehr laufen. Bei jedem Schritt verzerrt sie das Gesicht – Hüftschnupfen. Hatten wir schon, ich kenne die Symptome. Die Ärztin: »Das muss jetzt alles raus. Erzählen Sie mir von Marlena, was hat sich verändert?« »Na ja, das sehen Sie doch selbst, sie ist noch kränker als vorher.« Wir geben weiter in Wasser aufgelöste Kügelchen. Charlie fragt: »Und du meinst wirklich, dass drei Mal links umgerührtes Leitungswasser hilft?«

Mittlerweile sind wir in Woche II der Behandlung. Die Abgabetermine in der Redaktion drängeln. Der Hüftschnupfen ist weg, dafür hat sie jetzt Ausschlag. »Erzählen Sie mir von Marlena.« Ich erzähle seit mittlerweile zehn Tagen. Und ich muss übermorgen auf einen wichtigen Kongress nach Berlin.

»Ja. Sie arbeiten ja noch.« Pause. Die Mischung aus Mitleid (für Krippenkind Marlena) und Missbilligung (für die berufstätige Mutter) ist nicht zu überhören. Wir bekommen neue Kügelchen und mit auf den Weg: »Es dauert eben so lange es dauert.« Auf dem Kongress telefoniere ich stündlich entweder mit meiner Mutter (»Nein, bei 38,6 noch kein Zäpfchen geben«) oder mit meinem Mann (»Ich weiß doch auch nicht, ich kann von hier jedenfalls nichts machen«). Es muss endlich was passieren.

In Woche III reißt mir der Geduldsfaden. Homöopathie hin oder her, mein Leben muss wieder funktionieren. Ich muss funktionieren. Meine Texte sind immer noch nicht geschrieben, Jonas hat wichtige Schulaufgaben und schläft schlecht. Und Laurin fängt auch schon wieder an zu husten. Ich fahre zu unserer Kinderärztin, zweite Meinung hören. Sie meint: »Quälen muss man die Kleine ja auch nicht«, und verordnet Schmerzsaft, Nasentropfen und Schleimlöser. Das ist eine Sprache, die ich verstehe. Schlagartig geht es Marlena besser. Pariboy sei Dank. Die Homöopathie hat mich 380 Euro ärmer und kein bisschen überzeugter gemacht. Statt auf Kügelchen hoffe ich jetzt auf den Frühling.

Weihnachtswahnsinn

Warum sind uns eigentlich Traditionen so wichtig? Die meisten davon sind zeitraubend (»Noch mal streicheln« – der Stein-Hund am Eingang des Kindergartens als allmorgendliches Hindernis) oder auf Dauer langweilig (Bobo Siebenschläfer ist nach dem 69. Abend auch nur mehr bedingt spannend). Mit Kindern tappt man von einer Traditionsfalle in die nächste.

Der Dezember ist besonders gespickt davon: Du stellst dich einen halben Tag in die Küche und backst aufwendige Pistazienmakronen, weil »Weihnachten ohne Popelplätzchen, Mama, das geht gar nicht«. Du schlägst dich bei nasskaltem Sauwetter und mit eingefrorenen Zehen durch den Wald, weil »einen gekauften Baum? Das Selberschlagen letztes Jahr war so schön«. Einmal angefangen, kommst du davon nicht mehr los. Traditionen sind listig. Sie schleichen sich in dein Leben, ohne dass du es merkst.

Am anstrengendsten ist das am Weihnachtstag selbst. Vor allem dann, wenn die Traditionen der Eltern auch noch miteinander kollidieren. Insbesondere, wenn der Vater auf Hirschrücken mit Möhrenpüree und Gemüse besteht und die Mutter lieber Bratwürstchen und Pommes serviert hätte.

Alles fängt aber mit dem (wirklich bescheuerten) Brauchtum an, dass der Vater sich um zehn Uhr ins Bräustüberl verabschiedet, um sich mit seinen Kumpels »einzustimmen«. Ja, ich weiß, Sie sagen jetzt sicher alle: »Das würd' ich ja als Allererstes abschaffen«. Glauben Sie mir, ich hab's versucht. Für meinen Mann ist das, denke ich, so ein Psychoding: eine

Stunde unabhängig sein, wie früher. Bevor einen der Familientumult überrollt. Für mich ist das angesichts dreier aufgeregter Kinder, die seit fünf Uhr dreiunddreißig fragen »Wann kommt heute das Christkind?« so überflüssig wie für Charlie der Kirchgang um 15 Uhr. Auf den bestehe aber ich, der Kindergottesdienst muss sein.

Danach mündet Weihnachten regelmäßig in ein Vollchaos: Oma kommt, Lichter, Baum, Bescherung. Laurin reißt das erste Geschenk auf. Ein Feuerwehr-Auto, das ohne Aufkleber und Räder aber nicht wie ein Feuerwehr-Auto aussieht. Alles muss noch montiert werden. »Papa, das Christkind hat mir ein kaputtes Auto eingepackt.« Enttäuschung ist kein Ausdruck für das, was Laurin im Gesicht steht. Oma eilt zu Hilfe, ist aber leider technisch völlig unbegabt. Papa ruft aus der Küche »Ich komme gleich, muss nur kurz nach dem Braten schauen«. Marlena rupft an einem Paket, das größer ist als sie selbst. Im selben Moment ein Schrei: »Nein, das ist meins«, Jonas hat das Schild daran entdeckt, lässt von dem Geschenk ab, das er bis eben bearbeitet hat, und stürzt auf Marlena zu. Laurin reißt das zweite Geschenk auf. Marlena heult. »Schatz, wo ist der Küchenpinsel?«, ruft Charlie fröhlich aus der Küche.

Marlena bekommt ein anderes Päckchen in die Hand gedrückt, das nicht unerheblich kleiner ist als das erste. »Laurin warte doch kurz, Papa ist gleich da.« Jonas: »Cool, ein Experimentierkasten!« Marlena zerrt an der Verpackungsschnur. »Charlie, bringst du bitte eine Schere mit?« »Mist, der Wirsing war zu lange drin. Wo ist denn der blöde Pinsel?!« Ratsch, Marlena hat es geschafft, das Papier zur Hälfte aufzureißen und entdeckt: eine Puppe. Leider ist das Ding in einem weiteren Karton befestigt. Laurin reißt das dritte Geschenk auf.

Oma bringt die Schere. Marlena schüttelt und zerrt am Karton. Mutter und Oma bemühen sich vergeblich, die Puppe aus der vermaledeiten Verpackung zu bergen. »Charlie, jetzt komm doch mal, ich übernehm die Küche.« Der Vater naht und nimmt Marlena den Karton weg, um ihn fachmännisch von allen Seiten zu betrachten. Marlena heult. »Puppi, Puppi«, sie zieht am Karton. Papa versucht die dreifach gesicherten Drähte zu lösen. Marlena bekommt einen Wutanfall. Vater und Tochter streiten sich um den Karton. Währenddessen liest Jonas seit geraumer Zeit jedes einzelne seiner 130 Experimente laut vor.

Laurin hat Geschenk vier und fünf geöffnet, sitzt zwischen einer Salat-Schleuder und Rasierwasser und reißt weitere Päckchen wahllos auf. Marlena watet durch ein Papiermeer und heult, weil Papa ihre Puppe nicht mehr hergeben will. In der Küche rätselt die Mutter über dem Rezept: »... mit Honig glacieren und mit etwas Bier ablöschen ...« Jonas: »Was gibt's zu Essen?« »Hirschrücken in grüner Pfeffersauce mit Karottenbrei und Wirsing.« »Iiihgitt!«

Papa (hat die Puppe endlich befreit und Marlena übergeben, die endlich aufhört zu schreien) mit ruhiger Stimme: »Probiert doch erst mal, das schmeckt total lecker.« Marlena (wie aufgezogen): »Puppi! Mama, Puppi!« Laurin: »Ich hab keinen Hunger. Ich will jetzt mein Feuerwehr-Auto.« Papa (erkennbar kühler): »Kinder, ich hatte eine Wahnsinns-Arbeit mit dem Essen ...« – »Puppi! Mama, Puppi!« Oma sagt vorsichtig: »Also bei uns gab es an Weihnachten immer Bratwürstchen mit Kartoffelsalat.« – »Puppi! Mama, Puppi!« »Essen ist fertig!« Keine Reaktion seitens der Kinder. Papa (jetzt wütend): »Ihr setzt euch jetzt alle an den Tisch. Wenn's nach euch ginge, gäb's doch eh nur noch Pommes und Plätzchen, das geht mir so was von auf den Geist!« Oma besänftigt: »Irgendwann werden sie es zu schätzen wissen ...«

Tradition hat dann einen Sinn, wenn sie als kreativer Fortentwicklungsprozess verstanden wird. Hiermit schwöre ich: Der Hirschrücken wird nicht zur Tradition.

Schlafen II: Immer einer zu viel im Bett

»Schlaf wird überbewertet«, sagte gestern meine Freundin, die ihrem Kleinen gerade beseelt die ersten Löffel Beikost in den Mund schob – glücklich, dass sich alles langsam entspannt: Kind isst, hat einen Rhythmus, macht verlässliche zwei Nickerchen am Tag und schläft jetzt nachts immerhin vier Stunden am Stück, »also fast durch, kann man sagen«. Ich sah sie an wie eine Kuh, erinnerte ich mich doch lebhaft, wie sie mir – keine drei Monate ist das her – die Tür mit verquollenen Augen öffnete, nachmittags um halb vier noch im Schlafanzug, den Säugling in die Arme drückte und meinte: »Ich muss schlafen, ich bin so was von fertig.« Ich sagte lieber nichts. Und dachte: »Du glaubst, du hast es hinter dir. Du Arme, weißt gar nicht, was noch alles auf dich zukommt.«

»Schlaf wird überbewertet«, sagt auch mein Sohn, den ich nachts um 23.45 Uhr mit dem iPod unter der Decke erwische, wo er Angry Birds spielt. Ich stelle mir kurz vor, was wir in drei Jahren diskutieren werden, wenn er um diese Zeit noch immer nicht von der »Session« bei einem seiner Schulkameraden zurück sein wird.

Und auch mein Mann sagt resigniert »Schlaf wird überbewertet«, wenn wir die Nacht wieder mit einem quer gelegten Kinderkörper im Bett verbracht haben, weil unser Töchterchen auch in ihrem vierten Lebensjahr noch nicht geruht, aus unserem Schlafzimmer auszuziehen.

Nein, ich kann nicht zustimmen. Ich finde: SCHLAF kann man gar nicht HOCH GENUG bewerten. Ich jedenfalls leide seit Jahren Mangel.

Kinder haben ständig einen Grund, nicht zu schlafen. Der aktuelle unserer Tochter: Angst vor Wölfen – das Märchenprojekt im Kindergarten lässt grüßen. Tagsüber kann sie gar nicht genug von Rotkäppchen und den sieben Geißlein bekommen und befiehlt: »Mama, vorlesen!« Nachts haben wir dann noch mehr davon: Zwischen halb zwölf und Mitternacht tappst sie mit Kissen und Bettdecke die Treppe herauf und macht es sich zwischen uns gemütlich.

Was wir schon alles versucht haben: die Wölfe vor dem Schlafengehen zum Fenster hinauskehren, Nachtlichter rund um das Bett aufstellen, den Eingang zum Gitterbett mit einem Kissen verstopfen – der Effekt: null. Ihre Brüder haben aus einer Bananenkiste sogar eine »Wolfsmaschine« gebaut: mit Zahnstocherwänden, sich gegeneinander drehenden Häckselrädern und einem Ofenrohr, aus dem das, was von dem armen Wolf dann noch übrig ist, hinausgepustet wird. Die Wirkung hat eine Nacht gehalten. In der darauffolgenden meinte Marlena abgeklärt: »Der Wolf ist zu groß, der passt da nicht rein.«

Mittlerweile nehme ich ihr den Wolf auch gar nicht mehr ab. Man muss nur in ihre Augen sehen, wenn sie der Kindergärtnerin stolz erklärt: »Hab heut wieder bei der Mama geschlafen.« Oder wenn sie ihrem Vater sein Schlaf-T-Shirt ins Bad reicht, damit sie sich auf seiner Seite einrichten kann, bevor er ins Bett kommt.

Doch leider hat Erziehung Grenzen und die sind nachts um 0.15 Uhr definitiv erreicht. Das weiß auch Marlena. Sie hat ihr Timing nun so perfektioniert, dass sie abwartet, bis wir im Bett liegen, noch eine Viertelstunde zugibt, um so sicher zu gehen, dass sie nicht in ihr Bettchen zurückgetragen wird. Neulich biss sogar Charlie auf Granit, der sich beim Versuch, unser nicht vorhandenes Eheleben zu reaktivieren, empfindlich gestört sah und Konsequenzen an den Tag legte: »Es reicht. Du schläfst heute Nacht in deinem Bett.« Aus ihrem Zimmer:

Geheul, Gebrüll ... Stille. Einige Minuten später: Taptaptap ... »Marlena, nein, ich werde mir von dir nicht meine Nächte diktieren lassen.« Geheul, Gebrüll ... Stille. Taptaptap – das Spiel ging elf Mal hin und her. Raten Sie, wer gewonnen hat. Genau. Er nicht.

Mein größter Albtraum? Dass uns etwas Ähnliches passiert wie meiner besten Freundin und ihrem Mann: Sie wurden von ihrer Tochter im Bett erwischt. Schlimm genug. Doch am nächsten Tag erzählte die Dreijährige der Oma fröhlich beim Spielen: »Die Mama hat mit dem Papa ›hoppa-hoppa‹ macht.« Meine Freundin stand daneben. Puh.

Wir haben Marlena jetzt ein Prinzessinnenbett versprochen, wenn sie es schafft, eine Woche in ihrem Zimmer zu übernachten. Sie wünscht sich das Hochbett sehr. Die letzten drei Nächte liefen gut. Ich wusste, sie kann es. Und falls sie danach trotzdem weiter auf Familienbett steht? Werde ich ausziehen: ins Kinderzimmer. Dort kann ich zumindest schlafen. Vielleicht kommt mein Mann ja mit. Zu Studentenzeiten reichten uns auch 90 × 200 cm.

Naturgesetze

Meine Söhne beschäftigen sich gerade mit den Gesetzmäßigkeiten der Natur. Der eine, indem er den Sandkasten flutet und sich die Aufgabe des Nachmittags stellt: Die Sickereigenschaft des Bodens kann bei genügend Nachschub aus dem Gartenschlauch überwunden werden – egal, ob dabei die nebenstehenden Rosen ertrinken und die Terrasse unterspült wird. Der andere kämpft währenddessen in der Vorbereitung zur Physik-Schulaufgabe mit Elektromagnetismus und testet die Ladung von Teilchen mit einem Luftballon auf den Haaren der Nachbarskatze.

Naturgesetze sind für Kinder etwas Feines: Sie sind das Resultat physikalischer Experimente und untermauern Regelmäßigkeiten des Universums. Ich spreche von Dingen wie: »Auf der Erde fällt alles nach unten« (die Milch im Kühlschrank, Mamas Handy oder Papas Brille). Außer es kann fliegen (die Fernbedienung, weil *Jim Knopf* nicht beim Abendessen angeschaut werden darf). Oder es ist leichter als Luft (Seifenblasen machen sich nicht nur auf dem Badezimmerfenster gut, sondern auch auf der Deckenverkleidung). Oder es ist fest verankert (ein 13-Jähriger in Unterwäsche kann von einer Leine an einem Deckenventilator nicht gehalten werden. Befestigt man allerdings die Nachfüllpackung Seifenblasen am Ventilator, reicht die Flüssigkeit aus, um das Zimmer bis zu 1,50 Meter Wandhöhe einzuseifen).

Naturgesetze werden von Kindern selten nach einmaligem Versuch akzeptiert (wenn Deckenventilatoren keine Seifenblasen erzeugen, könnte es ja sein, dass der Staubsauger in

Massenproduktion geht?) oder gleich ganz außer Kraft gesetzt (fällt ein Körper mit der Masse m=20 kg aus drei Metern Baumhöhe, landet er ohne einen blauen Fleck im Gras).

Eltern hingegen können Naturgesetze an den Rand der Verzweiflung bringen. Vor allem, wenn es sich um Familien-Naturgesetze handelt. Diese sind von der Wissenschaft noch weitgehend unerforscht, aber dennoch unbestritten Teil des familiären Alltags. Beispielsweise das Gesetz, dass unkomplizierte Reisen mit Kindern unmöglich sind: Hat man nach vierstündiger Packaktion, mehreren Wutanfällen des Vaters und einem blutigen Fingerknöchel (der Dachkoffer!) endlich das Auto beladen, wacht das Kind am Abreisetag garantiert mit Fieber auf und der Anrufbeantworter blinkt: »Habt ihr auch die Mund-Hand-Fuß-Krankheit?« In welchem Verhältnis Packdauer, emotionale Stärke und Läsionen zueinander stehen, ist dabei noch ungeklärt. Ersetzt man die Variable »Auto« durch »Flugreise«, bekommt das Kind auf dem Flug in die Türkei eben Durchfall. Das Ergebnis ist dasselbe.

Überhaupt scheint der Magen-Darm-Virus gebucht zu sein für unaufschiebbare Familien-Termine, was uns den Gesetzmäßigkeiten noch etwas näher führt. Die Konstante k ist dabei mit »unaufschiebbar« definiert, wie beispielsweise Vorstellungsgespräche der Eltern und Geschäftsreisen. Oder aber die Einschulung des Bruders.

Ich darf kurz berichten: Alles war gut vorbereitet, die Schultüte gebastelt, der Ranzen gepackt, wir hatten den Frühstücksplatz geschmückt und Oma war auch eingeladen. Doch eines der Naturgesetze mit Kindern scheint zu lauten: Je besser du planst, umso größer ist die Katastrophe, die folgt. An jenem Morgen vor zwei Wochen jedenfalls stand Marlena schlecht gelaunt auf, schüttete mir ihre obligatorische Milchtasse übers festliche Kleid, verweigerte sowohl Müsli als auch Honigbrot und diskutierte über unifarbene oder rosa geblümte Unterhosen, als sei es die Ur-Frage. Schon da hätte ich schalten müssen. In der Schule angekommen, wollte sie nicht auf dem Schoß sitzen bleiben, sondern kroch unter den Stuhl des Direktors. Der ließ sich nicht beirren und hielt eine schöne Rede, die vom Loslassen handelte: »Trauen Sie Ihrem Kind zu, es allein zu schaffen.« Bei der Stelle: »Arbeiten Sie mit den Lehrern zusammen ...« fing Marlena an zu würgen und erbrach sich an dem Punkt »... Schultasche gemeinsam kontrollieren«.

Als Mutter fragt man sich dann, warum Naturgesetze dieser Art nirgendwo gelehrt werden, man hätte dann ja wenigstens einen Lappen dabei. Charlie glaubt auch, es gebe einen Zusammenhang zwischen der Wichtigkeit des Termins, der Perfektion der Vorbereitung und der dann einsetzenden Katastrophe. Er hat dafür leider noch keine mathematische Formel gefunden. Bis es so weit ist, halte ich mich an Albert Einstein, der einmal sagte: »Man muss die Welt nicht verstehen, man muss sich nur darin zurechtfinden.«

Essen II: Meckern statt essen

Haben Sie auch schon mal wie eine Verrückte auf Ihre Tochter eingeredet? So, dass Sie sich selbst schon nicht mehr zuhören konnten? Bei mir klingt das so: »Jetzt sag mir endlich, warum du mein Essen nicht willst.« »Was MACH ICH FALSCH, Marlena?« »Ich hab hier STUNDEN in der Küche gestanden und das Einzige, was ich von dir höre, ist ›hab kein Hunger‹.« »Schau dich mal an, du musst doch was essen. An dir ist eh nichts dran.« »Bauchweh?! Ich hol dir mal einen von Papas Schokolebkuchen, dann sehen wir gleich, ob du noch Bauchweh hast!« »Weißt du, das ist für eine Mami so was von frustrierend, wenn sie STUNDENLANG in der Küche stand.« »Jetzt zieh nicht so eine Schnute.« »Ja, und ihr beiden anderen braucht überhaupt nicht so zu schauen! ESST!!!«

Ich hatte Blumenkohl gemacht. Nein, er hatte natürlich nicht Stunden gedauert, aber ich war wütend. Und ja, sie mögen ihn nicht. Aber er war nun mal in unserer Gemüsekiste, die wir wöchentlich bekommen. Und was kann ich dafür, dass um diese Jahreszeit nur Kohl und Wurzelgemüse wächst.

Außerdem gab es zum Blumenkohl Kartoffeln. Die mögen sie. Zumindest, wenn ich sie mit Semmelbrösel-Butter mache. Bis heute. Heute mochte Marlena nicht mal mehr die. Sitzt da mit einem Gesicht, als würde ich sie zwingen, die Katzendose leer zu essen.

Dass Kinder, wenn sie klein sind, Zicken beim Essen machen – geschenkt. Laurin hatte mal eine Phase, da wollte er monatelang nur Nudeln mit Butter. Damals war er zwei. Heute isst er Karotten und Gurken und kann drei Teller Schinkennudeln verdrücken, obwohl eine Zucchini drunter geschmuggelt ist.

Dass Kinder, wenn sie in der Pubertät sind, Zicken beim Essen machen – schon klar. Der Große hat »keinen Bock« auf Egal-was-ich-mache und sowieso nie Zeit zum Essen, weil er in sein Handy tippen muss. Diese Phase geht hoffentlich auch bald vorbei.

Aber dass die Kleine jetzt so anfängt, ist ein Schlag in die mütterliche Magengrube. Komischerweise isst meine Tochter im Kindergarten alles. Bei Oma auch. Und die Mutter von Emma meinte neulich: »Deine Kleine hat ja einen gesunden Appetit! Die hat von meiner Lasagne zweimal nachgenommen.« Das tut weh.

Noch viel mehr tut es weh, wenn man Vanillepudding macht. Und Marlena nach zwei Löffeln die Schüssel von sich schiebt und meint: »Schmeckt nicht.« Vanillepudding! Da kann man doch eigentlich nichts falsch machen! Ich zweifle mittlerweile an meinen Kochkünsten. Dabei koche ich gut und frisch. Nach Rezepten aus Familienkochbüchern, die mein Regal verstopfen. Ganz ehrlich, ich hätte dort auch lieber »Mälzer trifft Witzigmann« stehen als »An die Töpfe – fertig – lecker«. Meine Kinder dürfen Anfang der Woche sogar daraus aussuchen, was sie möchten. Und alles, was ich zu hören bekomme, ist: Schinkennudeln und Pfannkuchen. Grrr.

Ich muss nach meiner Schimpftirade ein so elendes Bild abgegeben haben, dass mich Marlena anschließend zu trösten versuchte: »Mama, weißt du, vielleicht holst du dir morgen das Rezept vom Kindergarten.« Pah! Wo das Essen in Aluwannen dreimal gekocht, tiefgefroren und schließlich dampfgegart serviert wird. Erst kürzlich wollten die Erzieher den Lieferanten wechseln: Es schmeckt zu fad.

Und der Vater der mäkeligen Brut? Steht nie in der Küche. Nur im Dezember nimmt er sich zwei Tage frei und backt

Schokolebkuchen, für die meine Kinder sogar ihr Star-Wars-Lego verpfänden würden: Er heimst die Lorbeeren ein und überlässt mir die Küchen-A...karte. Typisch. Marlena tröstet weiter: »Oder du fragst einfach den Papa!« Wie viel kann – wie viel muss eine Mutter ertragen?!

Kindergeburtstage

Als ich meinen ersten Kindergeburtstag ausrichten durfte, war ich euphorisch: Ich bastelte Einladungen aus bunten Papptellern, die mich drei Tage Arbeit kosteten, backte Möhrenkuchen aus dem Kinderernährungskochbuch mit Marzipan-Deko und bunter Zuckerschrift. Ich stellte ein Planschbecken ins Wohnzimmer unserer Altbauwohnung, das wir mit Gries befüllten, damit bei der Schatzsuche in keinem Kindermund Sand landete, und überlegte mir für Zweijährige völlig überzogene Geschicklichkeitsspiele. Kurz – ich tat alles, was überengagierte Mütter beim ersten Kind so tun, damit es der schönste Tag im Leben der Kleinen wird. Beim Abholen gab es für die Eltern Sektempfang und Buffet mit Gurken-Käse-Schiffchen. Meine Schwägerin zieht mich heute noch damit auf.

Zwölf Jahre später löst das Wort »Kindergeburtstag« bei mir keine Euphorie mehr aus. Ich weiß jetzt, dass Schokoladenfondue bei Achtjährigen keine gute Idee ist, wenn die Jungenquote bei 100 Prozent liegt. Ich weiß, dass Hochbetten, Sitzsäcke und Drehstühle zu absolutem Sperrgebiet erklärt werden müssen, weil das Klettern auf und das Herunterspringen von selbigen dazu führt, dass der Kindergeburtstag im Krankenhaus weitergefeiert werden muss. Ich weiß, dass Wettbewerbsspiele wie »Reise nach Jerusalem« unter Fünfjährigen Tränen zum Ergebnis haben, wenn es keine Trostpreise gibt. Und dass man den Wahnsinn der Mitgebsel-Tüten nicht um jeden Preis mitmachen muss. Die Gäste kommen im nächsten Jahr auch wieder, wenn es nur Lutscher und

Kaugummi gibt statt Stirnlampen, Playmobil-Figuren und Schleich-Tieren.

Ich weiß, dass ein Clown zum Kindergeburtstag nur dann gut ist, wenn er keine Luftballons aus dem Hut zaubert, aus denen er den Mädchen Blumen dreht und den Jungs Schwerter, was letztere in 1,3 Sekunden in wild gewordene Ritter verwandelt, die den anderen auf den Köpfen herumtrommeln, bis die Haare fliegen und die Luftballons zerplatzen. Ich weiß, dass meine Kinder weiter eingeladen werden, auch wenn sie statt dem fair gehandelten Holzspielzeug einen brüllenden Plastikdinosaurier verschenken. Ich weiß, dass bei den Kleinen drei Spiele reichen: Topfschlagen, Topfschlagen und Topfschlagen. Danach wollen sie sowieso nur mit den Spielsachen des Geburtstagskindes spielen. Was mich zu einem weiteren Punkt führt. Geburtstage ohne Erwachsenenverstärkung zu feiern ist unvernünftig, weil man nicht gleichzeitig eine Lego-Pirateninsel zusammenbauen (»Ich will aber jetzt mit dem Geschenk von Leo und Lukas spielen!«) und fünf weitere Geburtstagsgäste in Piratenkostüm bei Laune halten kann.

Was ich noch nicht wusste? Hier im Vorort sind Geburtstagskisten in Mode, die – ähnlich wie »Hochzeitstische« im Kaufhaus – im einzigen Spielwarenladen des Ortes reserviert werden können. In die legen Eltern vorzensierte und für gut befundene Geschenke, die andere Eltern dann bequem aussuchen können. Leider habe ich es nicht in den Spielzeugladen im Ort geschafft. Gestern stand ich deshalb auf dem Weg vom Büro im Münchner Kaufhof und wollte einen Ritter für Laurins Freund Karl kaufen. Schleich-Ritter, wurde mir gesagt, sei Karls größter Wunsch. Leider war die Ritter-Auswahl im Kaufhof regalgroß. Rote Ritter, blaue Ritter, mit Pferd, ohne Pferd, mit Schwert, mit Axt, mit Schild. Und leider hatte ich auch wieder mal mein Handy vergessen. Ich stiefelte also zur Verkäuferin und fragte: »Entschuldigung, dürfte ich mal kurz telefonieren, um bei einem anderen Spielzeuggeschäft nachzufragen, welche Nummer der Ritter in Karls Geburtstagskiste hat?« Sie sah mich an wie ein Auto.

Kindergeburtstage lösen bei mir keine Euphorie mehr aus, sagte ich das schon? Momentan diskutiere ich mit meinem Großen, warum eine Karaoke-Party mit Lichtorgel und Fondue für uns nicht in Frage kommt (»Beim Sebi ging das doch auch!«) und stehe vor der Alternative: Übernachtungsparty mit 13 pubertierenden Jungs. Mein Vorschlag »Kino« wird mit »Du bist ja nur zu faul zum Kochen« quittiert. Seitdem liegen die Verhandlungen auf Eis. Was ist eigentlich das Gegenteil von Euphorie?

Schuld sind immer die Eltern

Für Leute, die in Reihenhaussiedlungen ziehen, sollte ein Benutzerhandbuch erstellt werden. Eine echte Marktlücke! Der wichtigste Grundsatz des Vororts: An allem sind die Eltern schuld. Zum Beispiel am ausgeschlagenen Schneidezahn des Nachbarsjungen, der glaubt, mit Marlenas Bobbycar ein Wettrennen veranstalten zu müssen und dann die Kurve nicht kriegt. Was müssen die Fahrzeuge von drei Kindern auch für jeden zugänglich vor dem Haus geparkt werden!

Oder man ist schuld am Trauma der Nachbarskatze. Die traut sich nicht mehr in unseren Garten, weil sich die Jungs einen Spaß daraus gemacht haben, sie mit dem Gartenschlauch zu erschrecken, wenn sie ihr Geschäft in unserem Erdbeerbeet erledigt. Tierquäler!

Fußballrowdies sind unsere Söhne sowieso. Gegenüber von unserer Häuserreihe gibt es einen Sportplatz. Am Wochenende, wenn viel beschäftigte Reihenhausväter Zeit finden, ihre Söhne aufs wahre Leben vorzubereiten, wird gemeinsam zum Platz gegangen. Vater und Sohn im Fußballtrikot, Partnerlook, versteht sich. Auch noch FC Bayern. Nur Jonas ist ohne Papa. Der arbeitet am Wochenende oder kommt gerade von der Frühschicht und hat zum Vater-Kind-Kicken keinen Nerv. Was den anderen Reihenhausvätern suspekt ist. Halbe Sachen mögen die nämlich nicht.

Jonas stiefelte trotzdem gerne mit. Wir waren gerade frisch eingezogen, Jonas sieben Jahre alt, als er in Begleitung eines Reihenhausvaters von besagtem Sportplatz zurückkam. Der Mann stand mit seinem (heulenden) und meinem (bedröppelten) Sohn vor der Tür und sagte: »Jonas hat Kai-Uwe gefoult. Wir mussten ihn vom Platz stellen.« Man muss dazu wissen: Kai-Uwe ist keiner, der gern Fußball spielt. Er lässt lieber seinen ferngesteuerten Geländewagen über die Böschung rasen oder malt mit Straßenkreide Landschaften in die Einfahrt. Was seinen Vater auf die Palme bringt: »Kai-Uwe, so wird das nichts. Du musst mehr trainieren. Dein Abschluss ist eine Katastrophe. Wir gehen jetzt üben.«

Beim nächsten Kick dauerte es eine halbe Stunde, bis der Reihenhausvater wieder klingelte: »Jonas hat zu Kai-Uwe ›Arsch‹ gesagt und will nicht akzeptieren, dass er deshalb ausgewechselt wird.« Man will seine neuen Nachbarn ja nicht verprellen. Deshalb hält man dann mit dem kleinen Geschwisterkind auf der Hüfte und einem leeren Umzugskarton im Arm eine publikumswirksame Standpauke. Große Aufregung, Entschuldigung, Abzug des Reihenhausvaters.

Ein paar Tage später klingelte es wieder. Vor der Tür stand diesmal nicht Kai-Uwes Vater, sondern die Nachbarin von gegenüber. Andrea, eine Gute. »Sag mal, was sind denn das für Geschichten über euch? Ihr seid ausländerfeindlich?!«

»Wie bitte?!« »Na ja, dein Sohn soll ›Scheißitaliener‹ zu Franco gesagt haben.« Franco ist unser italienischer Nachbar auf der anderen Seite. Auch ein Guter. Er spielt, wenn er abends nach Hause kommt, mit meinen Kindern in der Einfahrt Fußball, rubbelt ihnen über die blonden Haare und sagt: »Musste du schneller laufe!« Am Wochenende ist er, obwohl kinderlos, auch gerne mit den Reihenhausvätern am Sportplatz.

Meine sofort eingeleitete Untersuchung ergab: Jonas hatte zu Franco tatsächlich »Scheißitaliener« gesagt. Nachdem der die fünfte Kiste hintereinander geschossen hatte und somit die Fußballerehre meines Sohnes untergrub. Jonas dachte sich nichts dabei – schließlich hatte er die Männer drei Tage zuvor beim Deutschland-Italien-Spiel erlebt, in dessen Verlauf besagter Ausdruck aus den Kehlen der anwesenden Väter mehr als ein Mal zu hören gewesen war.

Franco übrigens hatte den »Scheißitaliener« meines Siebenjährigen auf dem Sportplatz gar nicht mitbekommen. Er sagte, von mir angesprochen: »Ach, isse egal. Sinde doch bambini!«

Den »Ausländerhasser« bei den anderen Reihenhauseltern auszubügeln, kostete mich einige Mühe. Denn in der Reihenhauswelt ist klar: »Das kann der Junge ja nur aus dem Elternhaus haben!« Und es brachte mir folgende Erkenntnis: Egal, was dein Kind macht, steh zu ihm und spare die Standpauken, die nur für die anderen gedacht sind. Schuld bist sowieso du.

Kleine Langfinger

Hilfe, meine Tochter entwickelt kleptomanische Züge! Neulich hat sie aus dem Kindergarten einfach Schuhe mitgenommen. »Hab ich gefunden«, sagt sie beiläufig. Dabei weiß ich genau, dass es Klaras Hausschuhe sind. Sie haben ein Glitzerpferd drauf und Marlena hat sie mir schon ein paar Mal gezeigt mit den Worten: »Will ich auch haben«.

Ich könnte jetzt eigentlich ganz entspannt sein, denn ich weiß: Alles nur eine Phase. Ihr Bruder hatte dieselbe mit viereinhalb Jahren und ließ sich damals die abgefahrensten Ausreden einfallen. Die beste ging so: »Hab ich im Wald gefunden.«

Ich erinnere mich wie heute: »Wo hast du denn dieses Matchboxauto her?«, fragte ich Laurin, als er seine Autokiste auf den Teppich kippte und ich darin ein mir unbekanntes Auto entdeckte. Er antwortete beiläufig: »Ach das, hab ich im Wald gefunden.« Ich wunderte mich ein wenig, dachte aber: Heute war Waldtag im Kindergarten. Wird wohl ein Kind dort verloren haben.

Zwei Tage später. Beim Aufräumen zog ich ein altes Handy aus dem Kindergartenrucksack. Von wem war das denn? »Hab ich im Wald gefunden«, seine Antwort. Ich sagte: »Laurin, ihr wart heute nicht im Wald. Das hast du aus der Puppenecke mitgehen lassen, stimmt's?« Stirnrunzeln. »Hast du gefragt, ob du's ausleihen darfst?« Schweigen. »Morgen legst du's zurück.« Finstere Miene.

In der Woche darauf hing, als ich nach Hause kam, in unserem Flur plötzlich ein fremder Fahrradhelm. Meine Mutter berichtete unsicher: »Er hat beim Abholen steif und fest behauptet, es sei seiner. Die andere Mutter hat noch überlegt, weil ihr Kind den gleichen roten Helm hat und ihn heute Nachmittag brauchte, aber sie meinte, ihrer läge vielleicht noch zu Hause.« »Laurin ...?!« Unschuldig: »Ja?« »Ist das dein Helm?« Einen altklugen Seufzer vorausschickend: »Mama, den da hab ich ...« – mir blieb fast die Luft weg ob solcher Unverschämtheit – »... im Wald gefunden«.

Es stellte sich heraus, dass einige der Sachen, die bei uns in der letzten Zeit aufgetaucht waren, nicht freiwillig ihren Weg in die Hände von Laurin gefunden hatten: Der Lego-Straßenkehrer, den er angeblich von Henry ausgeliehen hatte. Den Bagger, den er am Spielplatz »gefunden« hatte. Die Felix-Kassette, die ihm Claudia »geschenkt« hatte. Ich fragte mich, ob mein Kind an einer Persönlichkeitsstörung litt und durchstöberte sein Zimmer. Dort tauchten auf: Leuchtstifte aus meinem Schreibtisch, die Luftballonpackung aus der Geburtstagskiste, Gogo-Figuren des großen Bruders, unser Taschenmesser, eine von Omas Weihnachts-Stoffservietten (mit Silberfaden) und Papas goldener Kugelschreiber. Das Matchboxauto aus dem Kindergarten war nagelneu aus dem Satz Autos, die die Gruppe gerade angeschafft hatte. Das alte Handy gehörte, nein, nicht in die Puppenecke. Viel peinlicher, einer Mutter und war noch im Gebrauch! Laurin musste sich entschuldigen und ich rief einen Kinderpsychologen aus der Erziehungsberatungsstelle an, der mir erklärte, Laurins »illegale Shoppingtouren« seien für sein Alter normal. Dahinter stecke der Prozess der Moralentwicklung.

Wahrscheinlich war ich schuld, denn ich hatte meinen Sohn schon als Einjährigen angehalten, seine Sandschaufel anderen Kindern am Spielplatz abzugeben, wenn die sie gerade in der Mache hatten. Der Erziehungsberater sagte: »Um Moral, also Sinn für Gerechtigkeit und Solidarität zu entwickeln, muss man erst einmal sich selbst verstehen.« Erst dann sei man imstande, die Belange anderer zu respektieren. Ich hatte es also mit meiner sozialen Ader gründlich versaut. Dass Laurin sein Selbst mit Besitztümern aufwertete, »sei in seiner Situation sehr nachvollziehbar«. Zwei Geschwister, moralische Mutter ... und so.

Bei Marlena habe ich das dann anders gemacht. Sie musste nichts teilen. Jedes meiner Kinder hat sein Eigenes, ich kaufe immer drei Ü-Eier, niemals verschiedene Sorten Joghurt und vermeide auch sonst alles, was Streit heraufbeschwören könnte. Und trotzdem kam sie gestern mit Emmas Haarreif nach Hause. Und gerade eben? Habe ich den Glitterpen gefunden, mit dem ihre Erzieherin Magdalena immer in die Freundebücher schreibt. Schluck. Ich glaub, ich muss noch mal mit der Erziehungsberatungsstelle telefonieren.

Kinderhotels

Familienurlaub ist vor allem eins: großes Kino. Von Drama bis Komödie, von Action bis Horror – jedes Genre ist vertreten. Insbesondere Hotelurlaub garantiert gute Unterhaltung – bis man selbst zum Protagonisten wird:

Wir befinden uns in einem Kinderhotel in Österreich. Der Tag war heiß, die Kinder sind hungrig, die Familie ist auf dem Weg in den Speisesaal.

»Mama, darf ich heute Pommes mit Ketchup?« »Ja, darfst du.« »Ich auch?« »Ja.« »Und iiich?!« *(genervt)* »Du auch!«

Wir betreten den Speisesaal. Dabei müssen wir über Lavinja steigen. Sie liegt wie die letzten Abende auch mit Schnuller im Mund und Kuscheltuch im Arm quer vor der Tür und bohrt in der Nase. Ich bin gespannt, welchen Lauf das Drama heute nehmen wird. Ihre Mutter, geliftete Augen und gebleichte Haare, lässt sich gerade an einem Tisch bei der Tür nieder und ordnet ihre Perlenkette neu. Er, Surfertyp, beendet seinen vermutlich 4. Gang und geht erneut zum Buffet. Die beiden wechseln kein Wort. Die Mutter nimmt einen Bissen vom Roast Beef und versucht sich mit Lavinjas 15-jährigem Bruder Absalom zu unterhalten, während sie in regelmäßigen Abständen ein »Laviiinnnja!« Richtung Tür schickt, was die Kleine vermutlich zum Aufstehen bringen soll. Der Erfolg ist mäßig. Sie tut mir ein bisschen leid und ich bin froh, dass Marlena aus dem Alter raus ist.

Wir setzen uns: »Guten Abend.« Die Familie an der Tür nimmt keine Notiz. Die Familie am Nachbartisch umso mehr. »Guten Abend, hatten Sie eine erfolgreiche Wanderung?«, wird in breitem Wienerisch gefragt. »Bernhard, würdest du unseren Tischnachbarn auch einen guten Abend wünschen?« Bernhard, 4, piepst: »Guten Abend.« »Schau mal, die Sofia, sie hat auch gegrüßt!« Sofia ist 4 Monate alt und des Grüßens für jeden Objektiven im Raum nicht mächtig. Die Mutter ist trotzdem ganz aus dem Häuschen und krempelt das rosa Jäckchen noch weiter zurück. Vermutlich hat es sich rein um einen Reflex gehandelt. Er, Typ Universitätsprofessor mit silbergrauem Haar, flötet: »Das hast du aber toll gemacht, Sofia, komm her, der Papi hat dich sehr lieb.«

Charlies Blick spricht Bände. Familie Harmonie geht ihm auf die Nerven, die Komödie, die sie jeden Abend liefern, kann seiner Meinung nach nicht echt sein.

Meine Kinder streiten unterdessen, wer heute Darth Vader und wer Darth Maul sein darf und funktionieren das Besteck zu Laserschwertern um. Marlena schreit: »Ich bin aber nicht Prinzessin Lea, sondern die Prinzessin Lillifee!« Ich schicke alle zum Buffet.

»Toll Bernhard, dass du dein Glas auf der richtigen Seite abgestellt hast«, sagt die Mutter nebenan gerade und balanciert Sofia in der einen Hand und ihre Salatgabel in der anderen. Ich frage mich, ob ich meine Kinder jemals dafür gelobt habe, dass sie ihr Glas auf der richtigen Seite des Tellers abgestellt haben, und fühle mich schlecht. »Schatz, erlaubst du, dass ich mir noch etwas vom Buffet hole?«, fragt der Professor und ich überlege, ob es die zweite Ehe ist und sie die ehemalige Doktorandin.

Da kommt Marlena und stellt ihren Teller mit Pommes und Ketchup auf die Tischkante. Er fällt. Ich bin kurz davor auszurasten. Mrs. Harmonie nebenan sagt: »Bernhard, das ist gar nicht schlimm, das kann jedem mal passieren.« Ich fühle mich noch ein bisschen schlechter.

Drei Minuten später kommt Laurin und stellt seinen Teller an dieselbe Stelle. Ich raste aus: »Sieh dir mal die Sauerei an!«

Stille im Saal. Der Ober kommt mit Schaufel und Besen. »Bernhard, wärst du so lieb und würdest deiner Schwester noch eine Eiswaffel holen? ... Das ist aber toll, dass du ihr eine Waffel mitgebracht hast. Da hat die Sofia aber ein Glück, dass sie so einen tollen Bruder hat.« Ich fühle mich ganz schlecht.

Drüben am Tisch von Lavinja knallt jemand seine Serviette auf den Tisch: »Die letzten Abende hab immer ich sie ins Bett gebracht! Ich finde, heute bist du mal dran.« Wieder Stille im Saal. Ich bin froh, dass das Perlenkettendrama von uns ablenkt. Nebenan: »Schatz, erlaubst du, dass ich dir die Kleine abnehme und sie ins Bett bringe?« (*Professor geht ab*) »Weißt du, Bernhard«, sagt die Mutter mit Blick zu uns, »manche Eltern sind halt ein bisserl strenger als wir.«

Urlaub im Kinderhotel ist ein bisschen so wie Kino, in das man blind geht, weil wieder mal keiner Zeit hatte, das Feuilleton zu lesen oder auch nur den Trailer anzusehen. Hinterher geht man raus und fragt sich, ob man das alles eigentlich wissen wollte, was man da eben erfahren hat: über andere Familien, über sich und über den eigenen Erziehungsstil ...

TROTZPHASEN

Trotz ist laut Lexikon ein Verhalten des Widerstands. In der Kindesentwicklung wird der Zustand des inneren und äußeren Widerstands gegen die soziale Umwelt zum Zweck der Selbstbehauptung auch »Trotzphase« genannt. Die Entwicklungspsychologie bevorzugt die Bezeichnung Autonomiephase, da »Trotz« negativ konnotiert ist.

Insofern sollte man auch die elterliche Trotzphase nicht negativ verstehen. Zwar ist es richtig, dass der Versuch, mit Kindern ein Restaurant zu besuchen, oder die Bemühungen um einen einigermaßen sauberen Haushalt als hartnäckiges Beharren auf idealistischen Ansprüchen zu werten sind. Auch sind solche Versuche stets begleitet von heftigen Gefühlsausbrüchen und/oder Schokoladenmanie. Jedoch ist am Ende der elterlichen Trotzphase durchaus eine gewisse, neu gewonnene Standhaftigkeit festzustellen, mit der Eltern erstmals in der Lage sind, ihren Selbstbehauptungswillen in Stresssituationen, Haustierfragen oder Geschwisterstreit geltend zu machen.

Schokolade

Früher war Kaffee mein Lebenselixier. Heute ist es Schokolade. Eine Tafel am Abend ist locker drin. Wenn sie mit Nuss ist, auch zwei. Bisher hat mich das nicht sonderlich gestört. Meine Freundinnen nennen mich seit ich denken kann einen »dürren Haken«. Ich lebe mit dem Komfort, einen zweiten Kloß nachfassen zu können, und dem Nachteil, dafür keinen Busen im BH zu haben.

Meine Schokolade war ein Laster, das ich mir bisher gerne gönnte: nach einem Tag, an dem die Kinder wieder nur an einem geklebt hatten, an dem man nur ein bisschen einkaufen war und ansonsten Fixpunkte wie essen, schlafen, stillen, spielen, baden abgearbeitet hatte und davon abends so geschafft war wie früher von einer Dienstreise nach Hamburg. Ich gönnte mir meine Schokolade, weil es ja wohl nichts Schöneres gibt, als entspannt auf der Couch zu sitzen, sein schlafendes Kind im Arm zu halten (das dich eben noch leer getrunken hat) und den Serotoninspiegel steigen zu spüren, wenn alle anderen Akkus leer sind.

Allein der Gedanke an meine Belohnung ließ mich von 19 bis 20 Uhr durchhalten. Wenn die Kleine ihren abendlichen Zahnputzstreik durchführte, der Mittlere – schon im Bett – zum dritten Mal »noch was zu trinken« verlangte und der Große um Viertel vor acht ankam: »Mama, kannst du mich jetzt Englisch abfragen?« Die Aussicht auf mein kleines Glück machte mich irgendwie ruhiger.

Bisher. Denn seit einigen Wochen ist nichts mehr wie bisher. Ich bin auf Entzug. Der Grund: Mein Bauch. Ich hatte dort (Schwangerschaft und Rückbildung ausgenommen) noch nie einen Ring. Jetzt habe ich einen. Mein Hosenbund schneidet ein, obwohl ich jede Hose nach dem Waschen weite. Und meine Gürtel kann ich nicht mehr benutzen, weil man die abgewetzte Stelle des Lochs sehen würde, das bisher gereicht hat. Ich habe ernsthaft Sorge, dass ich ältlich werde und die Pinguin-Figur alter Frauen entwickle: einmal gerade runter ohne Taille. Geht gar nicht. Deshalb habe ich mich auf Diät gesetzt. Und leide. Und meine Familie mit.

Ich tigere rastlos durchs Haus, doch alle Depots sind leer. Nicht mal ein Schokokügelchen von Weihnachten ist im Schrank übrig geblieben. Ich greife zu Bananen, Wirkung: gleich null. Ich überbrücke mit Kaugummis. Die sind wenigstens gut für die Zähne. Ich bin dünnhäutiger und leicht aggressiv. Und ich rede. Rede auf meine Kinder ein, als ob es kein Morgen gäbe. Ich kann mir selbst schon gar nicht mehr zuhören. »Immer dasselbe, das ist der dritte Tag, an dem das Glas umfliegt! Sieh dir die Sauerei an! Und alles ins Brot. Das weicht doch total auf. Und dann mag es keiner mehr essen. Ist ja auch eklig, so ein durchgeweichtes Brot. Was für ein Matsch! Kannst du nicht aufpassen? Hab ich nicht hundert Mal gesagt, du sollst das Glas HINTER den Teller stellen, nicht daneben …!« Schrill. Laut. Unangenehm. Und abends bekommt Marlena den Waschlappen ins Gesicht geklatscht, wenn sie wieder zum Zahnputzgezeter ansetzen will. Puh.

Das Beste war vorgestern im Supermarkt. Da schrie ich zur Abwechslung mal nicht meine (sie waren nicht dabei), sondern fremde Kinder an. Sie warteten hinter der Kasse, weil sie diese blöden Sticker abstauben wollten, die man beim Einkauf neben Bonusmarken, Kassenzettel, Wechselgeld und einem telefonbuchdicken Werbeprospekt in die Hand gedrückt bekommt. Während ich diesen Krempel und meine Einkäufe versuchte in meiner Tasche zu verstauen, zog die Kassiererin schon die

Waren des nächsten Kunden, »Piep-Piep-Piep«, über den Scanner. Da fiel mir die Sahne hinunter. Alles voll. Und die Kinder fragten: »Können wir Ihre Sticker haben?« Ich explodierte. »Nein, könnt ihr nicht. Falls sie jetzt nicht sowieso voller Sahne sind. Und falls nicht, würdet ihr sie trotzdem nicht bekommen. Es gibt nämlich noch andere Kinder, die diesen Werbeterror toll finden. Nämlich meine eigenen. Und denen bringe ich die jetzt mit. Die nerven mich heute weniger als ihr!«

Vermutlich sind das Entzugserscheinungen? Bin ich ein Schokoholic? Vielleicht war die harte Tour, totaler Entzug, auch ein bisschen zu ambitioniert. Ich bin gespannt, wie lange ich es noch durchhalte.

Gelassenheit

Wenn jemand noch einmal das Wort »Gelassenheit« zu mir sagt, springe ich ihm ins Gesicht. »Gelassen erziehen«, »Die neue Gelassenheit« oder »Zehn Gebote für gelassene Frauen« – sie schreit mir von Buchtiteln entgegen und tritt in Form meines Gatten durch die Haustür, wenn er abends gut gelaunt aus dem Büro kommt. Oder wir diskutieren sie in der ELTERN-Redaktionskonferenz. Und dazu all die »gechillten« Mütter, die mit einer Latte macchiato in hohen Stiefeln über den Spielplatz schlendern, aber es dann nicht fertig bringen, Ann-Sofie oder Jean-Luca allein auf dem Klettergerüst turnen zu lassen. Ich würde ja gern gelassen bleiben, mit meiner Zeitung auf der Bank, von der ich im Blick habe, wenn meine Tochter fällt. Aber ich kann nicht. Denn kaum ist sie hinuntergefallen, hat sie gar keine Chance, sich selbst wieder aufzurappeln, weil schon drei Mütter besorgt um sie herumstehen und sich suchend nach der zugehörigen Mutter umsehen. Also gut, steh ich eben auf.

DU SOLLST DEINEM LEBEN EINE SPIELERISCHE SEITE ABGEWINNEN heißt eines der angeblichen zehn Gelassenheitsgebote. Ich spiele den ganzen Tag: Puppen mit meiner Tochter, Hilfslehrerin bei meinem mittleren Sohn oder Taxi beim Großen, dessen Fußballmannschaft sich jetzt einfallen ließ, das Training zwei Mal die Woche in den Nachbarort zu verlegen. Weil überbehütende Eltern finden, man könne vom Sport aufgeheizte 13-Jährige abends in der Kälte und Dunkelheit nicht mehr mit dem Fahrrad fahren lassen, gondle ich nun um 20 Uhr, die Kleinen im Schlepptau, nach

Überacker, um ihn zu holen. Allein lasse ich ihn nämlich auch nicht durch die Dunkelheit fahren. Ich bin überhaupt nicht mehr gelassen. Vielleicht, weil ich es eine Zumutung finde, wenn Lehrerinnen heutzutage immer noch meinen, Mütter hätten nichts anderes zu tun, als nachmittags neben den Hausaufgaben zu sitzen und 26 Plus-Minus-Aufgaben nachzurechnen. Oder weil ich Püppchen »Bella« heute schon zum siebten Mal umziehen muss.

DU SOLLST DEIN LEBEN VEREINFACHEN heißt das zweite Gebot. Dass ich nicht lache! Das sage ich meinem Sohn, wenn Laurin mal wieder seine »Is-eigentlich-schon-mal-passiert«-Fragen stellt: »Mama, is eigentlich schon mal passiert, dass eine Kerze so runtergebrannt ist, dass der Teller darunter geschmolzen ist?«, »Mama is eigentlich schon mal passiert, dass Farbe ins Wasser gefallen ist und der Fluss dann bunt war?«, »Mama, is eigentlich schon mal passiert, dass der Kragen von einer Jacke so festgezogen wurde, dass kein Schlitz mehr zum Atmen war?«

Mit dem Augenblick des ersten Schreis im Kreißsaal wird das Leben von Eltern kompliziert: Vor dem Wickeln stillen oder nachher? Lieber rumtragen oder liegen lassen und Bäuchlein reiben? Oder vielleicht doch noch mal stillen? Mit Pastinake beginnen oder mit Karotte? Gläschen oder selber kochen? Und was, wenn das Kind sowohl das eine wie das andere verachtet und in hohem Bogen über den Tisch verteilt? Immer gelassen bleiben – alles klar.

Dazu passt auch wunderbar das dritte Gebot: DU SOLLST ENTSCHEIDUNGSSTRESS VERMEIDEN. Aha. Und das alles, während man die Sammelbildchen aus dem Supermarkt einzeln vom Bett der Tochter kratzt und in der Ecke ein verschimmeltes Brot findet. Kommentar des Großen: »Mama, chill doch mal!« Müttern zu sagen: »Übt euch in Gelassenheit«, ist ungefähr so, wie einem Pinguin zu erklären, dass er ab morgen am Himmel fliegen muss. Zum Abschluss noch das vierte Gebot: DU SOLLST DICH VOM ALLTAG NICHT AUFFRESSEN LASSEN. Dazu sage ich jetzt gar nichts mehr. Ich glaub, ich brauch jetzt erst mal eine Schokolade.

Restaurantbesuche

Wann waren Sie zuletzt in einem Restaurant? Kleiner Scherz. Vermutlich ist das genauso lang her wie Ihr letzter Kinobesuch. Ich war gefühlte Jahre nicht mehr da, weder in dem einen noch in dem anderen. Man könnte sagen: Kulinarisch bin ich auf dem Stand von Star Wars Episode IV.

Mit kleinen Kindern essen zu gehen, ist ja auch wirklich kein Spaß: Einer hat immer ein Kind auf dem Schoß, man versucht Geschwindigkeitsrekorde im Kleinschneiden von Wiener Schnitzeln zu brechen und hat danach Ketchup am Ärmel. Oder verbringt die halbe Zeit Kinderwagen schiebend vor der Tür.

Dennoch habe ich keine Lust mehr auf Pizzaservice und beschloss vorige Woche, in einem Anfall von Euphorie: Wir gehen heute essen. Wir hatten Hochzeitstag und die Kinder bemühten sich, brav zu sein. »Nicht in der Nase bohren, nicht streiten, nicht rülpsen«, sagte ich. »Keine Zahnstocher in der Tischdeko, keine Bierdeckelsammlungen unter'm Tisch«, sagte Charlie. Ausgestattet mit einem Koffer mittlerer Reisegröße voll Stiften, Malbüchern und Spitzern zogen wir los zum »Hirschen«. Ich muss eines vorweg sagen: Sie bemühten sich wirklich. Jonas hielt uns sogar die Tür auf. Laurin setzte sich *nicht* auf den Zipfel der Tischdecke, die *nicht* das Gedeckarrangement in den freien Fall brachte. Und Marlenas Frisur saß auch beim Verlassen des Lokals noch. Aber vielleicht hätte ich mit Charlie doch besser ins Kino gehen sollen.

Beim Bestellen dreier Kinderportionen, von denen am Ende Papa eineinhalb essen wird, die ersten Verwerfungen.

Jonas: »Ich will Cola.« Laurin: »Dann will ich aber auch eine!« Marlena mit ausgestreckten Fäusten: »Cola, Cola, Cola.« Das ältere Ehepaar am Nebentisch schaut.

Eine weitere Familie betritt die Gaststätte. Sie nimmt rechts von uns Platz und baut vor dem Babystuhl eine interessante Konstruktion aus Handtasche und Terminkalender auf, sodass sie ein iPad im richtigen Sichtwinkel platzieren können: Für das kleine Kind, zirka elf Monate, läuft Kasperl als Comic. Die große Schwester, ca. 4 Jahre, bekommt ein weiteres iPad in die Hand.

»Ich hab jetzt Hunger!« »Gleich, mein Schatz.« »Mir ist so langweilig.« »Dann mal was.« »Wo bleibt mein Essen?« »In der Küche.« Das ältere Ehepaar grinst. Marlena flirtet mit der Dame und spielt Guck-guck. Laurin schreit über den Tisch: »Mama, die Frau ist aber dick, kriegt die ein Baby?« »Psst Laurin, man redet nicht so laut über andere Leute.« »Wieso?« Die Käsespätzle kommen. Ich schiele nach rechts. Die Erwachsenen diskutieren über einen Film, dessen Drehbuch sie unzufrieden macht: »Also ich finde, sie hätten sich am Ende trennen müssen ...«, sagt die Frau gerade. Die Kinder daddeln. Boa, sind die ruhig. Vielleicht sollten wir uns auch ein iPad anschaffen?

Laurin zieht mit der Gabel Käsefäden aus seinem Mund: »Guck ma, di if awa lang!« Jonas: »Iiih.« Er angelt gerade mit zwei Fingern nach der Zitrone in seiner Cola. Ich zische: »Jonas, Laurin, das macht man nicht.« Die ältere Dame schenkt mir ein Lächeln.

Marlena tunkt eine Pommes in Mayo, schleckt sie ab, tunkt wieder ein, schleckt ab, nach etwa acht Mal hält sie Papa das abgelutschte Hängeding hin und sagt: »Du essen!« Die älteren Herrschaften amüsieren sich köstlich. Laurin hat sein Essen beendet, als ich den zweiten Bissen meines Steinbuttfilets im Mund habe – es ist nur noch lauwarm.

»Jetzt will ich Kaiserschmarrn.«
»Dein Teller ist doch noch halb voll.«
Marlena: »Ich will Eis!«
Jonas: »Und ich will ein Bananensplit!«
»Kinder, es ist total unhöflich, im Restaurant immer ›Ich will‹ zu quaken. Zu Hause macht ihr das doch auch nicht.« Rechts, die iPad-Kinder daddeln. Für unsere Kinder gibt's ein Bananensplit zu dritt.

Während wir zahlen, ertönt plötzlich ein ohrenbetäubendes Gebrüll vom rechten Nachbartisch: Das Essen ist gekommen und der Vater hat das iPad weggenommen. Die Vierjährige wirft eine Handvoll Pommes nach ihm. Die Mutter steht auf und zerrt das bockende Kind zum Ausgang.

Also doch kein iPad. Zu uns kommt die ältere Dame, schon im Mantel, und sagt: »Ich danke Ihnen für den amüsanten Abend. Sie haben drei lustige Kinder. Das war heute besser als Kino.« Ah ja. Man kann es auch so sehen.

Putzen

Dass mit Kindern der Haushalt zu vermüllen droht, ist das eine. Die Suche nach Abhilfe das andere. Mich jedenfalls ließ es zu unverschämten Mitteln greifen, und das kam so:

Eines Tages dachte ich: Ich bin Sisyphos. Der arme Kerl aus der griechischen Mythologie, dem der Felsblock immer wieder kurz vor dem Ziel aus den Händen rollt, ist ja schon arm dran. Aber ich bin's viel mehr.

Der Haushalt ist mein persönlicher Fels, den ich rolle und rolle, und der mir jedes Mal wieder entgleitet und den Abhang hinunterrast: Ist im Kinderzimmer gesaugt, werden schon wieder die Lego-Eisenbahnschienen verlegt. Mit mittlerweile 34 Stück reichen sie bis ins Wohnzimmer und transportieren dort liegen gebliebene Socken, Nussschalen, Puppenkleidung oder einfach Dreck vor sich her, bis alles blockiert. Die 35. Schiene findet sich beim Aufräumen übrigens in Laurins Unterhosen-Schublade und die 36. im Bett, wo sie dafür sorgt, dass ich nach der Gute-Nacht-Geschichte einen Riss in der nagelneuen Strumpfhose habe.

Um meine Küche steht es nicht besser: Zwischen den Töpfen findet man ein aus Küchenrollen gebasteltes Fernrohr, eine Faschingspistole und zwei abgerissene Knöpfe. Unter dem Kühlschrank liegt »Alles, was ich wissen will: Tiger, Bär und Hai – Gefährliche Tiere dieser Welt« und in der Backschublade tauchen die seit Langem gesuchten Haarspängelchen auf – farblich säuberlich geordnet in Muffin-Backformen. Und wenn ich abends alle Spuren beseitigt habe, finde ich garantiert noch zwei Papierflieger oder steige auf das Furzkissen, auf das ich heute schon vier Mal gestiegen bin.

Mein Haushalt ist ein Albtraum. Mal abgesehen vom Kinderchaos: Seit dem dritten Kind sind meine Fenster blind. Im Waschbecken ziehen ausgetrocknete Zahnpastastreifen Schneisen ins Emaille. Die Türgriffe kleben. Und wenn die Großen ihre Star Wars-Sammelhefte oder -schultaschen auf den Boden fallen lassen, wirbeln Staubmäuse durchs Wohnzimmer, als wären sie Steppenkraut in der Wüste. Im Flur hat eine Spinne ihr Netz gespannt und lässt fröhlich ausgesaugte Fliegenhülsen auf den Boden rieseln. Weil ich zu viel Angst vor Spinnen habe und Charlie noch keine Lust hatte, die Leiter aus der Garage zu holen, muss ich nun schon die vierte Woche darunter vorbeigehen. Dem Fass den Boden ausgeschlagen hat allerdings das Nachbarsmädchen, sieben Jahre alt, das zu Besuch war. »Hier müsste auch mal wieder geputzt werden«, sagte sie und strich mit dem Finger über den Glastisch in unserem Wohnzimmer.

Daraufhin machte ich mich auf die Suche nach einer Putzfrau. Die erste kam auf Empfehlung von Susanne. Mit Empfehlungen ist das so eine Sache. Geschmäcker sind verschieden, was dem einen genügt, reicht dem anderen noch lange nicht aus. Auch beim Friseur oder Arzt sollte man besser nicht nach Empfehlung gehen. Susannes Empfehlung jedenfalls wischte weder unter der Toilettenschüssel, noch fiel ihr die besagte Spinne auf, von der ich so gehofft hatte, dass sie nach ihrem Besuch endlich verschwunden wäre.

Ich schaltete eine Anzeige. Frau Walch kam mit drei Jutetaschen, in denen sie unerklärliche Dinge wie »Schmutzradierer« und »Fugenstifte« mit sich führte. Sie trug (ungelogen!) einen geblümten Hausarbeits-Kittel und stank nach Schweiß und Rauch. Sie wollte 19 Euro die Stunde, womit ich ihr etwas schockiert einen guten Tag wünschte.

Dann kam Oxana, eine polnische Studentin: Sie legte Unterhosen in Knödeln auf die Wäscheleine, anstatt sie aufzuhängen, und sah mich mit rehbraunen Augen an: »Frau Sabine, nix Antikal, neue Antikal kaufen.« Aber sie entfernte die Spinne und putzte das Bad, ich war ihr unendlich dankbar. Leider musste Oxana zurück zu ihrer Mutter nach Polen, weshalb ich nun wieder ohne Perle dastehe.

Die griechischen Mythologie im Nacken, verlor ich daraufhin jegliche Skrupel: Auf dem Weg vom Kindergarten grübelte ich über Anti-Vermüllungsstrategien und die nötigen Methoden, um auch meine Kinder davon zu überzeugen, als ich im Augenwinkel sah, wie eine Frau mittleren Alters vor einem neu gebauten Einfamilienhaus aus ihrem Kleinwagen stieg. In der Hand einen Wischmob. Ganz offensichtlich war sie nicht die Bewohnerin, sonst hätte sie vor der Garage geparkt. Ich legte quietschend eine Vollbremsung ein, wendete mein Fahrrad und fing die Dame auf dem Vorplatz zur Garage ab: »Guten Tag, mein Name ist Grüneberg«, sagte ich und schleuderte ihr meine Hand entgegen. »Ich habe gehört, dass Sie bei Familie ... ähäm (Blick aufs Klingelschild) ... Rosenberg sauber machen. Wissen Sie, ich suche gaaaaanz dringend eine Putzhilfe. Hätten Sie eventuell noch Kapazitäten?«

Die Frau war so überrumpelt, dass sie übermorgen zur Probe kommt. Ich hoffe, Zeus hat endlich Erbarmen.

Medienerziehung

Ich bin medientechnisch leider ein Idiot. Muss man sagen. Meinen Computer verwende ich bislang als Schreibmaschine mit Speicherfunktion und mein Handy als Telefonhörer mit Adressbuch. Meine Familie findet das bisweilen lästig. Mein Mann beispielsweise, wenn ich statt seine neuste App zu nutzen, mit der sich unsere Termine koordinieren ließen, den Familienkalender in der Küche bevorzuge und ihn ihm vor die Nase halte: »Hier: Heute ›Sabine mit Gabi was trinken‹. Es ist schwarz auf weiß eingetragen«.

Oder mein Großer: der nicht zum Fußballtraining kommt, weil seine Mutter gerade sämtliche Fotos des letzten Jahres in den Orbit geschossen hat, da sie mit der »Ereignis«-Funktion im Fotoprogramm ihres Laptops nicht klarkommt und lieber umständliche Alben anlegt, die sie dann nicht mehr öffnen kann.

Oder Laurin: der beim Abendessen einen Heulkrampf bekommt, weil ich den DVD-Recorder nicht bedienen kann und so Yakari leider ausfallen muss. Denn der Einzige im Haus, der wüsste, wie man das Kika-Programm aufnimmt, wenn Papa Spätdienst hat, ist Jonas. Und der ist jetzt endlich beim Training.

Ich finde es schon eine Leistung, ein paar lustige Kinder-Apps herunterzuladen, was mich einen halben Abend und mehrere Wutanfälle kostet. Jetzt habe ich auf meinem Handy ein Schaf, das spricht und sich ins Bett bringen lässt. Und bin stolz drauf. Leider kam ich bisher nicht dazu, es meinen Kindern zu zeigen.

Denn mich hielt mein Computer auf Trab. Ich weiß auch nicht, wie ich es immer schaffe, aber ich hatte ein Spyware-Programm auf meinem Laptop. Und das nur, weil ich auf eine Kontaktanfrage einer Bekannten bei einem sozialen Netzwerk antwortete. Ich hatte sie lange nicht gesprochen, also dachte ich, tu ihr den Gefallen. Um zu antworten, musste ich mich aber einloggen. Das tat ich, gab außer meinem Namen und meiner E-Mail-Adresse, die ich nur für Unwichtigkeiten verwende, aber nichts an. Vorbildlich, oder? Denken Sie! Von der Bekannten hörte ich nie etwas. Dafür von Freunden, die ich seit Langem nicht gesprochen hatte: »Du hast mir eine Einladung zu diesem Netzwerk geschickt. Was ist denn das?!« Oder: »Also weil du's bist. Als Journalistin empfiehlst du sicherlich nichts, was nicht vertrauenswürdig ist, oder?!« Man war nicht nur an mein Adressbuch auf der Festplatte gekommen. Es wurden auch sämtliche Kontakte durchsucht, die ich jemals auf meiner geschäftlichen Mailadresse und von meinem Privat-Account getätigt hatte. Sogar meine Chefin erhielt eine Anfrage und war leicht befremdet. Ich schwöre, ich habe niemandem niemals bewusst erlaubt, auf meine Daten zuzugreifen, geschweige denn, in meinem Namen Einladungen zu versenden. Mein Versuch, den Schaden mit einer »Achtung Datenklau«-Nachricht an meine Freunde einzudämmen, konnte da wenig ausrichten.

Zumal die Sache weiterging. Eine Woche später bekamen sämtliche Kontakte folgende Mail:

»Hi! I found a good online store recently, the quality is as same as the one in the offical store – hope you will have a look at it! Yours truly! Sabinegrueneberg.«

Auch das fand meine Chefin wenig amüsant. Nun hat sich unsere IT-Abteilung der Sache angenommen.

Meine IT zu Hause ist Charlie. Mein mangelndes Interesse für die mediale Technik bringt ihn zur Verzweiflung. Kaum war die Sache mit dem Datenklau verdaut, bimmelte mein Handy ununterbrochen mit der Nachricht: »WARNUNG. Sie überschreiten jetzt ihren Kontobetrag von 49,99 Euro.« »Was hast du denn jetzt schon wieder gemacht?!« Offensichtlich ein Abo für Klingeltöne abgeschlossen, von dem ich nichts wusste. Der freundliche Herr in der Service-Hotline erklärte mir, dass es vor zwei Wochen über eine Goldbarren-Werbung in einer kostenlosen App gelaufen sein musste, und riet mir eine »Drittanbieter-Sperre« einzurichten, was ich auch sofort tat. Grübelnd legte ich auf und sah im Augenwinkel, wie sich Marlena an mein Handy auf dem Küchentisch heranmachte. Und es dämmerte mir. Mit einer gezielten Wischbewegung entsperrte sie, drückte zielsicher auf das lustige Schaf, das spricht, und brachte es virtuell ins Bett. Mir blieb der Mund offen stehen. Eins ist mal klar. Meine Kinder haben mir definitiv etwas voraus.

Kindergeburtstagseinladungen

Kindergeburtstage sind ein Kapitel für sich, sagte ich ja schon. Aber hat eigentlich schon mal jemand gesagt, dass das Eingeladen-Sein mindestens genauso anstrengend ist? Es geht schon los, bevor überhaupt Einladungen verteilt sind: »Mama – die Leonie hat gesagt, sie lädt mich nicht zu ihrem Geburtstag ein.« (*heul*) »Aber die Leonie hat doch erst in zwei Monaten Geburtstag.« »Aber sie lädt mich für immer nie mehr ein!« (*schluchz*)

Hängt dann eine Einladung an unserem Garderoben-Haken, geht es weiter: »… würde mich freuen, wenn du am Montag um 15 Uhr … zum Feengeburtstag auch gerne mit Verkleidung …« Jetzt geht der Stress erst richtig los. Marlena beschließt als »Mia« zu gehen. Mia ist die neuste Erfindung aus dem Kinderkommerz-Gruselkabinett: Eine Elfe, die mit Barbie-Taille und Punkfrisur derzeit in einer Serie auf Kika gezeigt wird. Sie reicht an meine persönliche Feindin Hello Kitty fast heran. Mia kämpft mit viel Tamtam und Piepsstimme gegen düstere Drachen und eine böse Königin, die sowohl in Charakter als auch Aussehen eine frappierende Ähnlichkeit mit Lord Voldemort (Harry Potter) hat. Marlena hat das »aus Versehen« bei Oma gesehen und träumt seitdem jede zweite Nacht davon. Für Leonie hat sie im Spielzeugladen schon ein Mia-Freundealbum in der Geschenkekiste gefunden. Dazu haben wir einen Mia-Bleistift gekauft.

Ich weiß genau: Gegen Mia anzureden bedeutet, auf Granit stoßen. Und das bedeutet im weiteren Verlauf: Ich gebe lieber nach und richte rosa Kleid, rosa Strümpfe und rosa Feenflügel her. Leider haben wir aber nur lila Feenflügel. Macht nichts, denke ich, die taugen genauso. Falsch gedacht.

Eine halbe Stunde vor Aufbruch: »Schnecke, es geht doch auch mit lila Flügeln!« Tobsuchtsanfall. »Also gut, dann mal ich dir eben mit Edding rosa Punkte drauf.« Erneuter Tobsuchtsanfall: »Die Flügel müssen rosa sein!« Drei Minuten später: »Die Strümpfe sind Kniestrümpfe. Ich brauch welche ÜBER die Knie!« Dramen spielen sich ab. In meiner Not finde ich in einer Kiste auf dem Dachboden noch viel zu große Kniestrümpfe in rosa. Sie reichen ihr bis zur Hüfte. Es ist fünf vor drei, ich hab noch nicht mal das Geschenk eingepackt. Wo ist es überhaupt?

»Aber die Flügel!« Ich hab's: Da war doch noch eine rosa Feinstrumpfhose, die hat Oma zu Weihnachten angeschleppt, war Marlena zu kratzig. Wenn man die über die Flügel stülpt … ich bin genial. Fünf nach drei. Die Hose aus der Altkleiderkiste gefischt und über die Flügel gestülpt. »Und, bist du jetzt zufrieden?« Zehn nach drei. Verdammt, wo ist das Geschenk? »Die Oma hat's mitgenommen.« »Wie bitte, die Oma?« Telefon her. Oma: »Ach, dieses komische Barbie-Album, hmm, ich glaub, das hab ich ins Bücherregal gestellt.« Viertel nach. Tatsache, Mia steht im Regal. Geschenk einpacken, Kind einpacken, los.

25 Minuten zu spät stehen wir vor Leonies Tür: Ich, schweißgebadet, mit einem Gebilde in der Hand, für das man Fantasie braucht, um es als Schleife zu identifizieren, meine Tochter mit Feinstrumpfhose am Rücken, deren rosa Fußspitzen wie Schlappohren über den Flügeln herunterhängen, dazu Socken in Größe 128, deren Fersen sich in ihrer Kniekehle wölben. Sie ist glücklich.

Leonies Mutter öffnet die Tür. Guckt irritiert, grinst, lacht: »Na, komm rein!« Zu mir: »Und ich dachte, ICH hätte heute den Maximalstress gehabt. Willste 'nen Kaffee?«

Die Haustierfrage

Es gibt Dinge im Leben, die machen einen fassungslos. Vielleicht glauben Sie mir nicht, was ich Ihnen gleich berichte, aber ich schwöre: Alles ist so passiert. Worum es geht? Die leidige Haustierfrage. Meine Kinder hatten mich weich gekocht. Die letzten zehn Jahre habe ich widerstanden. Doch gegen mittlerweile drei, die jammern »Wir wollen ein Haustier«, hatte ich keine Chance mehr. Nachdem Laurin heulend von der Schule heimkam, »Der Moritz hat einen Vogel, die Pia hat Katzen und der Basti ein Meerschwein«, entschied ich endlich: »In Gottes Namen – dann eine Katze.«

Ich rief beim örtlichen Tierheim an: »Kommen S' zu de Besucherzeiten vorbei«, raunzte eine altbayrische Stimme durch die Leitung. Etwas eingeschüchtert fuhren wir zu fünft am nächsten Tag in die Tierauffangstation. Eine Dame im Blaumann öffnete und rief uns statt einer Begrüßung »Ach so, Sie ham Kinder?!« entgegen. Blanke Entrüstung: »Gleich drei! Also – da ham mir nix.« Ohne dass wir ein Tier gesehen hätten, komplimentierte sie uns wieder hinaus.

Wir fuhren in die Stadt, München hat immerhin eine Million Einwohner und eine dementsprechend große Katzenpopulation. Ich war sicher, im dortigen Tierheim würden wir fündig. »Einen Kater? Ausgewachsen? Allein? Nein, allein geben wir Katzen nur ungern in eine Pflegestelle. Noch dazu wenn Sie Kinder haben. Und drei – das ist einer Katze wirklich nicht zuzumuten.« Sagte die. Ohne mit der Wimper zu zucken. Mir ins Gesicht! Ich hätte ihr gern entgegengeschleudert: Würde man sich OHNE Kinder zu haben freiwillig stinkendes

Dosenfutter in den Kühlschrank stellen und müffelnde Katzenklos unter der Treppe dulden? Nein, man würde nach Barcelona fliegen oder nach Bali. Nur WEIL man Kinder hat, tut man sich so was doch an! Leider fand ich meine Sprache erst wieder, als wir schon im Auto saßen und Marlena herzzerreißend schluchzte: »Ich werde nie eine Katze kriegen.«

Ab sofort nahm ich die Sache sportlich. Es konnte doch wohl nicht sein, dass wir als Familie kein Haustier bekämen? Ich meldete mich auf eine Annonce im Anzeigenblatt: Süße Kätzchen zu vergeben. Und kam mir vor wie im Bewerbungsgespräch: »Ja, ich habe Katzenerfahrung. Ja, wir haben einen Garten. Nein, wir wohnen am Feldrand. Ja, wir haben auch Kinder, der Große ist schon DREI-ZEHN«, säuselte ich ins Telefon. »Kommen Sie am Donnerstag, aber bitte nicht klingeln, ich habe Stress mit den Nachbarn.« Wir betraten eine Zweizimmer-Wohnung, in der neben der Besitzerin 14 Katzen wohnten. Zwei waren bereits vergeben, fünf wollte die Dame selbst behalten, eine davon hatte gerade geworfen, doch die Babys waren noch halb blind und frühestens in drei Monaten zu haben. Es blieben »Kitty«, eine rote Perserkatze, die sich fauchend hinter dem Sofa verkroch, »Schatzi«, dreibeinig und auf einem Auge blind, und »Murrli«: »Der ist total schmusig, wissen Sie, der wäre was für Sie. Stellen Sie sich vor, man wollte ihn einschläfern! Er hat nämlich einen Darmdefekt. Der Arme. Ich habe ihn wieder aufgepäppelt. Mit Spezialfutter. Das können Sie ganz einfach im Internet bestellen, kostet halt etwas mehr als das normale Futter.« Charlie raunte mir beim Hinausgehen zu: »Spezialfutter – kommt nicht in Frage!«

Ich versuchte mein Glück als Nächstes bei einer privaten Tiervermittlung und hatte Glück: freundliches Gegenüber, keine Berührungsängste mit Kindern, Katzen in freier Auswahl. »Sind Sie einverstanden mit einem Hausbesuch?« »Na ja … äh ja … also gut.« Musste das auch noch sein! Am nächsten Tag inspizierte eine Brünette mit falschen Fingernägeln unser Haus: »Den Balkon müssen Sie mit Katzendraht sichern. Eine Katzenklappe ist notwendig. Und beim Futter sag ich Ihnen gleich: nur Markenware. Achten Sie auf den Fleischanteil: mindestens 50 Prozent, keine Zuckerzusätze und Geschmacksverstärker. In einem Vierteljahr machen wir noch einmal einen Besuch.« Als sie zur Tür hinaus war, bemerkte Charlie trocken: »Das war also die Katzen-Stasi.« Wir diskutierten daraufhin noch einmal seinen Vorschlag, doch über einen Hund nachzudenken, und die Frage, ob es einen Unterschied zwischen Katzen- und Hundebesitzern gibt.

Am nächsten Tag fiel mir der Bauernhof ein, zu dem unser Kindergarten jedes Jahr an Ostern marschiert. Ich rief an: »Na klar, kommen S' vorbei.« Wir nahmen zwei Babykatzen: Ben und Lilly. Die Bäuerin hatte feuchte Augen beim Abschied und sagte: »Bei Ihnen weiß ich, dass sie es gut haben werden.« Sie brauchte dafür weder einen Hausbesuch noch Identitätsnachweise, sondern einfach nur ihre gesunde Menschenkenntnis.

Joghurt-Tage

Gestern hatte ich einen Joghurt-Tag. Ich hasse Joghurt-Tage. Schon in der Früh fiel mir aus dem Kühlschrank ein Becher Joghurt entgehen, mitten ins Gemüsefach hinein. Bravo. Es ist kein Vergnügen, klebrigen Erdbeerjoghurt aus noch erdigen Salatblättern, Karotten und Brokkoli herauszupulen. Vor allem dann nicht, wenn man eigentlich längst beim Zähneputzen sein sollte und die Kleine die Gunst der Stunde nutzt, um statt der zurechtgelegten Kindergartenklamotten ihr Festtagskleid aus dem Schrank zu zerren. »Des zieh ich an!« Unmissverständlicher Subtext: Wenn du jetzt mit mir diskutieren willst, Mama, ziehst du den Kürzeren.

Während ich Müslischalen füllte, ging ich fieberhaft durch, was ich heute nicht vergessen durfte: Din-A4-Hefte Nr. 40 kariert mit umlaufendem Rand und Drittklasslinierung sowie Fineliner kaufen, Jonas um 17 Uhr zum Fußballspiel fahren, Zahnpasta einkaufen, Termin beim Frauenarzt ausmachen. Wann waren wir eigentlich bei der letzten U-Untersuchung, Himmel – haben wir das Fenster (von immerhin 8 Monaten) schon wieder verpasst? Wann wollte Charlies Schwester noch mal kommen? Meine Schwester anrufen, sie müsste heute in der 22. Woche sein! Oder ist sie schon in der 30.? Meine Güte, die Zeit rennt. Claudias Geburtstag schon wieder vergessen. Geburtstagsgeschenk für Philipp besorgen, bei dem Laurin übermorgen eingeladen ist. Haben wir eigentlich noch Brot?

Mist, ich hatte vergessen, Brot aufzutauen. Toll. Und wie sollte ich jetzt Pausenbrote schmieren? Also gut. Bekommt jeder einen Apfel und 90 Cent für eine Butterbrezel. Wir würden zu spät zum Kindergarten kommen, der Gang zum Bäcker war nicht eingeplant.

Ich fragte mich gerade, wie ich eigentlich zum wandelnden Notizblock geworden bin. Da tat es einen Schlag aus dem Bad im ersten Stock. Ich hetzte nach oben: Die Wandhalterung des Badregals war heruntergebrochen. (Hatte ich Charlie nicht gleich gesagt, dass ein Provisorium ein Provisorium ist und irgendwann richtig gemacht werden muss? Seine Antwort: »Wenn es jetzt drei Jahre gehalten hat, wird es auch die nächsten dreizehn Jahre noch halten.« Wunderbar, sieht man ja!) Eine Familienpackung Badeschaumbad, vermischt mit Glasscherben aus einem zerbrochenen Deo, Jonas' Anti-Pickel-Gesichtswasser und Wattestäbchen erreichte soeben Marlenas Haarspangen, die sich zahlreich in die Ritze unter dem Waschtisch ergossen hatten. Schöne Sch… Das war jetzt fast noch schlimmer als Joghurt.

Ich schrie nach unten: »Laurin, jetzt musst du abräumen, ich muss hier wischen.« Und wusste, das gibt wieder Gemaule: Laurin hasst es, abzuräumen. Als Sandwich-Kind ist er ein Meister im »Aussitzen« oder »Sich-verdrücken«. Schließlich gibt es ja noch zwei andere, die sich im Haushalt beteiligen können. Der eine macht es im Zweifel besser als er und die andere bekommt in der Regel elterliche Extra-Anleitung. Er motzte: »Warum immer ich?!«, und fing an, lustlos den Tisch abzuräumen. Ich hörte, wie er missmutig Teller in die Spülmaschine fallen ließ und Besteck in den Besteckkasten feuerte. Zwei Minuten später: ein weiterer Knall. Der Joghurt-Eimer. Wohlgemerkt kein Becher, sondern ein 1000-Gramm-Eimer, der bei uns am Frühstückstisch steht und mit dem die Kinder ihr Müsli anrühren. Großpackungen sind mit drei Kindern ja rentabel.

Alles war voll: die Schuhe im Flur, weil die Tür offen gestanden hatte, die Wand, die vor einem halben Jahr erst gestrichen worden war, die Küchenschränke, die Kinderküche von Marlena, die Kochbücher im Regal, der Wohnzimmerboden, alles.

Und dann erst das Aufwischen: »Laurin, nein, nicht so, du verschmierst ja alles, nicht mit dem Geschirrtuch, du musst dir einen Eimer und ein Bodentuch … NEIN MARLENA, nicht durchlaufen … nicht mit dem nassen Tuch, erst auswringen …«

Muss ich noch mehr dazu sagen? Joghurt-Tage. Hatte ich erwähnt, dass ich gar keinen Joghurt esse?

Heiraten

»Das mit dem Heiraten, Mama, ist eine schwierige Sache«, findet Marlena, »ich will den Carlo heiraten UND den Paul.«
»Hmmm Schatz. Da wirst du dich entscheiden müssen.«
»Kann ich nicht beide heiraten?«
»Nein, meine Liebe. Man muss sich entscheiden.«
»Warum?«
»Na, überleg mal. Wenn ich zwei Männer geheiratet hätte, hättest du jetzt zwei Papas und die würden immer streiten, wer mein Mann und dein Papa sein darf. Und außerdem müssten wir dann zwei Männern Essen kochen und hinterherräumen.«
(O.K., mir fiel so schnell nichts Besseres ein.)
»Nee, das wär nichts«, grübelt sie weiter. Nach einer Weile fragt sie: »Aber Mama, ich hab mit dem Carlo geküsst UND mit dem Paul.« Verzweifelt: »Was mach ich denn jetzt?«
Schwierige Sache. »Aber wenn man küsst, muss man doch nicht gleich heiraten, Süße.« Deine Probleme, mein Kind, möcht ich mal haben. Und überhaupt, seit wann küsst du andere Jungs? Wenn ich heute Abend dem Papa erzähle, dass du ohne sein Wissen andere Kerle knutschst, wird er vor Entrüstung vom Stuhl fallen.
Erstaunt fragt Marlena weiter: »Muss der Jonas die L. dann NICHT heiraten?«
Offensichtlich scheint in diesem Haus einiges an mir vorbei zu laufen. Ich raune verschwörerisch: »Aha, hat der Jonas die L. geküsst? Hast du's gesehen?«
Marlena flüstert: »Jaaa. Aber du darfst es nicht sagen.«

Aha. Jetzt weiß ich, woher seine gute Laune kommt. Seit Tagen erscheint er morgens pünktlich und geduscht (!) am Frühstückstisch – beides bis vor kurzem noch undenkbar. Schade, ich dachte schon, meine Aktion mit dem nassen Waschlappen vor ein paar Wochen hätte Früchte getragen und freute mich über einen Erziehungserfolg.

Mittags kommt passend zum Thema der kleine Bruder umso schlechter gelaunt nach Hause: »Weiber«, schimpft er und pfeffert seine Schultasche vor die Treppe: »Wegen der Klara-Sophie muss ich jetzt einen Entschuldigungsbrief schreiben!« »Was ist denn bloß passiert?«

»Ich hab ihr in den Bauch geboxt.«

»Du hast WAS?!!!«

»Die hat genervt, weil ich nicht bei ihrem dummen Spiel mitmachen wollte.«

»Wie bitte?«

»Wir spielen in der Pause, wer sich traut zu küssen.« Sein bester Freund Felix, so frech wie rothaarig, war offensichtlich mutiger als Laurin und hat es getan. Laurin ist das höchstpeinlich. Noch beim Gedanken daran schaudert es ihn und er motzt mit tomatenroten Ohren: »Ich mag das halt nicht.« Ogottogott, die sind in der Grundschule. »Laurin, Mädchen boxen geht gar nicht, das weißt du!«, sage ich.

»Hm.«

Marlena tröstet: »Schau, dafür musst du sie nicht heiraten.«

Man könnte diese Episode nun beenden mit dem Rat, Kinder so früh wie möglich darüber aufzuklären, dass die ganze Heiraterei und Küsserei nichts über wahre Freundschaft aussagt und sie sich mit dem Verlieben noch Zeit lassen sollen. Jedoch hat diese Geschichte ein zweites Ende: Ein paar Tage später am Abendbrottisch legte Marlena unvermittelt ihren Kopf auf den Tisch und begann herzerweichend zu schluchzen. Wie aus einem Mund fragten wir alle erschrocken: »Was ist denn los?« Marlena: »Jetzt will mich nicht mal mehr der Basti heiraten!« Wir trösteten: »Das hat er bestimmt nicht so gemeint. Was ist mit Carlo und Paul?« Sie jammerte: »Die wollen jetzt lieber die Emma heiraten.« Ich beschwichtigte: Andere Mütter haben auch hübsche Söhne, zum Beispiel Leo und Phillipp. Oder Marvin? Doch es nützte nichts, Marlena war untröstlich. Am Ende schlug ich ihr vor, sie solle Basti doch morgen einfach noch mal fragen. Zugegeben, das war unüberlegt.

Beim Abholen am nächsten Tag nahm mich die Erzieherin beiseite und sagte belustigt: »Du, ich muss dir was erzählen. Deine Tochter hat sich heute in den Morgenkreis gestellt und gemeint: ›Ich will heute was sagen. Basti – willst du mich heiraten? Ich koch dir auch zu Essen und räum dir hinterher.‹ Und Basti? Der sagte: ›Gut, aber nur wenn es Pfannkuchen gibt.‹«

Irgendwie scheint sie da etwas missverstanden zu haben. Das mit dem Heiraten ist wirklich eine schwierige Sache.

Das Jugendamt ist überall

Ich bin so erleichtert. Seit zwei Tagen ist unser Urlaubsproblem gelöst, das uns jedes Jahr spätestens im Februar ereilt. Dann nämlich, wenn mein Mann um die Ecke kommt mit einem naiven »Schatz, wohin fahren wir eigentlich im Sommer in den Urlaub?« und ich mieslaunig und genervt antworte: »Na dorthin, wo du schon längst gebucht hast, oder hast du etwa noch nicht?«

Es ärgert mich nämlich, dass immer ich für die Urlaubsfrage zuständig bin. Und egal, was ich vorschlage, Antworten wie diese bekomme: »Ähh, nee, nicht schon wieder Bauernhof«, »Wenn in die Berge, dann richtig, auf einen Dreitausender. Ismirdochegal, dass Marlena das noch nicht kann«, »Warum können wir nicht mal fliegen? Wenn der Jonas schon so teuer ist, kann er ja zu Hause bleiben.« Ich fange dann an zu träumen, von Indien oder Barcelona – wollte ich immer schon mal hin. Doch während die Sagrada Familia vor meinem geistigen Auge vorbeizieht, schreit Marlena über den Tisch: »ICH! WILL! PFERDE! Mama, der Jonas ist kackablöd. Er sagt, Pferde sind doof!« Sie wirft ihre Serviette nach ihm. »Ich will aber zur Frau Höllwart!« Hotelkompatibel sind meine Kinder immer noch nicht. Auf den Bauernhof von Frau Höllwart in Österreich wollen aber die Großen nicht mehr. Und alles andere ist Anfang Januar sowieso schon ausgebucht. Das Einzige, worauf wir uns einigen könnten, ist Meer.

Und das bringt mich zu dem Punkt, an dem unsere letzten Meer-Überlegungen gescheitert sind: Camping-Urlaub. Eigentlich sehr praktisch für eine fünfköpfige Familie, könnte man meinen. So bleibt Italien erschwinglich. Meinten wir auch. Und fuhren vor vier Jahren nach Caorle. Doch es passierte etwas, das mir die Lust auf Camping-Urlaub ein für alle Mal verderben sollte. Kaum angekommen, begannen meine Kinder zu streiten: Wer das obere Bett in unserem gemieteten Mobile Home bekäme, wer das Zelt aufbauen dürfe, wer wann wie oft das Geschirr abzuspülen hätte und wer den Fußball zu Hause vergessen hatte. Am dritten Tag – wir waren alle sehr erschöpft, Marlena noch klein, der Strand eineinhalb Kilometer entfernt, die Wege weit und überall Sand – platzte mir der Kragen. Ich schrie Jonas an: »Jetzt hör endlich auf zu streiten!«, und erhob mich bedrohlich über ihn. Er hatte sich auf sein Bett geworfen und entgegnete theatralisch: »Schlag mich nicht! Schlag mich nicht!« Das Fenster stand offen.

Die Szene wäre nicht weiter erwähnenswert, wenn am Abend nicht Folgendes passiert wäre: Es klopfte an der Tür und die Nachbarin aus dem Mobile Home nebenan stand draußen: Ende Vierzig, Dauerwelle, breites Schwäbisch. »Ich sage Ihnen jetzt eins: Ich hätte gute Lust, Sie anzuzeigen. Ich habe Ihr Kennzeichen notiert. Ich habe selbst drei Kinder großgezogen und ich weiß, manchmal ist es nicht leicht. Aber wie Sie mit Ihren Kindern umgehen, ist ohne Worte. Das Jugendamt gehört informiert.«

Ich war so perplex, dass ich kein Wort herausbrachte. Ich fühlte mich schuldig, obwohl ich meine Kinder nicht schlage und sicherlich kein Fall fürs Jugendamt bin. Wie ertappt. Charlie, der kurz danach vom Supermarkt kam, war wütend: »Typisch Frau, wieso suchst du denn jetzt die Schuld bei dir? Ja, du schreist manchmal zu viel rum, aber das ist doch kein Grund für diese Schnepfe, sich einzumischen!?« Auch ihre Abreise am nächsten Tag konnte den Schock, den die Nachbarin hinterließ, nicht mildern. Sozialkontrolle funktioniert. Sicher, in anderen Fällen wäre man froh, wenn sie angewendet würde. Mir jedenfalls war seit diesem Urlaub Camping eindeutig zu öffentlich.

Ich habe diese Geschichte bisher niemandem erzählt, weil sie mir immer noch ein bisschen peinlich ist. Doch vor zwei Tagen berichtete meine Freundin Susanne: »Ich glaube, ich bin eine schlechte Mutter. Im Skiurlaub hat man mir mit dem Jugendamt gedroht!« Weil sie ihren bockenden Vierjährigen vor dem Hotel stehen ließ mit den Worten: »Und heute Abend kriegst du auch kein Essen.«

Ja, Eltern kann manchmal die Sicherung durchbrennen. Das ist nicht gut. Aber menschlich. Wie mich diese Geschichte erleichtert hat! Es kann also überall passieren und liegt nicht am Camping. Gäste können hier wie dort blöd sein. Vielleicht wagen wir uns dieses Jahr doch noch mal ans Meer.

Mütterdialoge

Quatschen. »Den ganzen Tag müssen Mamas quatschen«, schimpft Marlena. Sie hat sich auf halbem Weg zum Fahrradständer aufgebaut, die Hände in die Seiten gestemmt und ruft: »Mama, nach Hause gehen!« Dabei will ich seit Stunden nichts anderes, als vom Kindergarten nach Hause gehen. Das Problem: Ich bin in ein Gespräch mit Andrea verwickelt, der ich vor einer halben Stunde die simple Frage stellte: »Campingurlaub in Kroatien, was kannst du mir empfehlen?«

Wenn wir keine Mütter wären, wäre die Sache einfach. Andrea würde antworten: »Wir fahren schon seit Jahren nach R. Dort gibt es einen Sandstrand, Pinienbäume, Animation für die Kinder und in der Nähe ist ein Nationalpark, in dem man wandern kann. Ich mail dir nachher die Adresse.« So einfach, so präzise könnte dieser Dialog sein. Wenn wir keine Mütter wären, wie gesagt. Doch Mütterdialoge gehen so:

(*Beim Betreten des Kindergartens*) »Du, Andrea, ihr fahrt doch immer ...« (*Marlena stürmt auf mich zu*)

»MAMA! Wir haben heute Schmetterlinge gebastelt!«

»Au, toll. Ich seh's, da hängt einer über deinem Garderobenhaken.«

»Ja, und in meinem Fach hab ich noch welche ...« (*läuft zu den Fächern, ich warte*)

»Also Andrea, was ich sagen wollte: Ihr fahrt doch immer nach Kroatien, kannst du mir da was empfehlen?«

Andrea: »Ja, wir fahren immer nach R. Paul, jetzt sieh dir mal an, was du hier für eine Sauerei veranstaltest. Du hast mit deiner Matschhose den ganzen Sand hereingetragen. Das müssen wir aufkehren, hol mal den Besen ... Also äh R. Da ist es superschön. Sandstrand ... Paul, nein, nicht den Sand unter die Sitzbank, hier in die Schaufel ...«

Marlena kommt zurück: »Mama, schau, in gelb und rosa und lila.«

»Ja Marlena, die nehmen wir mit heim, zieh dich schon mal an. Sand, das ist gut, kein Kies.«

Andrea: »Ja und auch genügend ...« Paul zerrt an seiner Hose: »Mama, Pipi!« »Ja dann geh schnell, hier, ich mach die Hose auf.«

Marlena: »Mama, und das ist ein Feenbild.« »Ja mein Schatz, zieh dir die Schuhe an.«

»... genügend Schatten. Darauf solltet ihr unbedingt achten. Liegt in einem Pinienwäldchen ...«

Paul: »Mama, Kacka. Abputzen.«

Marlena: »Und das hier ist ein Blumenbild und das ist ein Käferbild.«

»Toll Marlena, ich schau's mir gleich zu Hause an. Zieh dir die Schuhe an. Schatten sagst du. Ist da auch was für Ausflüge in der Nähe, oder ist da nur Meer?«

Andrea (*spricht aus dem Klo*): »Ein Nationalpark ... hier Paul, Hände waschen ... ist nicht weit ...«

Marlena: »Mama, und morgen mal ich noch ein Vogelbild.«

»Paul, jetzt mach doch bitte mit. Du kannst dir die Hose auch allein anziehen ... Äh, wo waren wir?«

»Nationalpark ... Marlena, hast du die Schuhe endlich an?«

»Ach ja, da könnt ihr auch wandern gehen, ihr seid doch so ...«

»Marlena, halt! Du hast deinen Rucksack vergessen. Wart doch mal kurz, ich muss Andrea noch ...«

Paul sprintet, halb angezogen, Marlena hinterher. Andrea angelt in Windeseile nach Capi und Elternpost, kommt nach.

Paul: »Mama, heute haben wir Rabe Socke gelesen.«

»Mama, lesen«, kommandiert Marlena. Beide stehen am »Wochentisch« am Eingang des Kindergartens, wo das Bilderbuch des Tages aufgeschlagen zur Ansicht liegt. Ich: »Nein, wir können zu Hause was lesen.«
»Büütte!«
»Nein.«
Andrea zieht ihrem Sohn die Jacke im Gehen an: »Wenn ihr so einen dieser Wohncontainer, äh wie heißen die noch ...?«
»Mama, meinen Rabe Socke hat aber der Laurin!«
»Keine Ahnung, was meinst du?«
»Na diese Rabe Socke – äh Quatsch – Mobile Homes heißen die, glaube ich. Jedenfalls müsst ihr euch beeilen.«
»Kannst du mir vielleicht die ...?«
»Rabe Socke, B-I-T-T-E!!!«
»... Adresse?« »Oh man, ich hab die Tasche vergessen.«
Ich bin überzeugt, jede Mutter wäre geeignet, hoch bezahlte Seminare in »Kommunikationsführung unter erschwerten Bedingungen« abzuhalten. Männer wären zu Dialogen dieser Art nicht in der Lage. Geschweige denn, dass sie mit Adresse UND Tasche nach Hause kämen. Charlie jedenfalls fragte, als wir nach Hause kamen: »Wo wart ihr denn, wolltest du nicht längst zu Hause sein?«
Marlena: »Die Mama hat wieder geratscht.«
»Frauen«, sagte er. Und Jonas ergänzte, »Marlena, sieh zu, dass du mal keine wirst.« Darauf Marlena: »Ich werd mal Mama.« Na, wenigstens wir, mein Kind, werden uns verstehen.

LERNPHASEN

Wenn Eltern schon ein bisschen länger Eltern sind, beginnen sie zu merken, dass sie neue Fähigkeiten haben. Sie lernen, dass man nur gut für seine Kinder sorgen kann, wenn man ein wenig an sich selbst denkt. Oder dass mütterlicher Ehrgeiz geradewegs in die Katastrophe führt.

Kinder ticken nämlich anders. Sie brauchen mehr Zeit, mehr Geduld, mehr Gelassenheit, als sich das Menschen ohne Kinder jemals vorstellen können. Bis Eltern diese Tatsache gelernt haben, müssen sie durch eine schwierige Phase. Die »Lernphase« ist die längste Phase im Elternleben. Sie benötigt viel Zeit. Und viele Gelegenheiten, die Erkenntnisse zu erweitern. Eigentlich hört sie nie auf. Und immer ist dabei das Wichtigste: Verständnis zeigen. Schließlich ist Lernen Erfahrung.

Denk doch mal an dich

Wenn man gerade krank war, hört man es von allen Seiten: »Frau Grüneberg, Sie müssen mehr an sich denken«, sagt der Arzt. »Denk endlich mal an dich«, sagt die beste Freundin. »Du denkst wieder an jeden, nur nicht an dich«, sagt der Ehegatte, bei dem man sich beklagt, dass man zwar SEINEN Geldbeutel, SEINE Sonnenbrille und SEINEN Sportteil in der Handtasche findet, dafür aber das eigene Handy in der Küche liegen gelassen hat. »Ich denk ab sofort mehr an mich«, nimmt man sich vor und geht im Geiste trotzdem die Listen durch: Sind alle eingecremt? Sind die Trinkflaschen eingepackt? Feuchtis und Taschentücher? Haben wir Eimer und Schaufel dabei? Für die Kinder was zum Lesen? Und dreht auf dem Weg zum Freibad eher für Mückenmittel um als für das Buch, das man auf dem Nachttisch vergessen hat.

Dieses Mal aber wollte ich ernst machen und wirklich, wirklich mehr an *mich* denken. Kündigte dies vergangenen Samstag auch an und erklärte: »Heute will ich zwei Stunden für mich und mein Buch zu Ende lesen, das ich am Montag in der Bücherei abgeben muss.« Gesammelte Zustimmung am Frühstückstisch. Die Kinder wollen brav sein, Charlie schlägt sogar vor, die Hängematte im Garten zu installieren.

Euphorisiert greife ich zum Telefon und organisiere eine Freundin für Marlena, in der Hoffnung, die Spielkameradin würde zum Gelingen des Nachmittags beitragen. Charlie fährt zum Baumarkt. Jetzt noch schnell die Wäsche in die Trommel. Ach je, da ist ja noch eine Ladung drin. Die also schnell aufgehängt, ach, und die Wolljacke – liegt auch schon ewig, mach ich noch schnell eine Handwäsche, ich hab ja heut Zeit. »Mama?! Wann nähst du eigentlich endlich den Knopf an meine Armeehose?« Ja, Jonas, das verspreche ich seit 5 Wochen. Ich mach's heute, ich hab ja Zeit. »Mama?! Holst du mir heute die Playmobilsachen vom Speicher?« Ja, Laurin, gleich. »Mama?! Lackierst du mir heute die Fingernägel?« Ja, Marlena, heute ist Zeit.« Es klingelt. Emma kommt. Gott sei Dank.

Nachdem ich das Wohnzimmer gesaugt und die Betten gemacht habe, schiele ich auf mein Buch und die Hängematte. Ich könnte jetzt lesen ... aber in einer halben Stunde muss ich anfangen zu kochen. Also noch schnell die Armeehose repariert. »Mama?! Die Emma gibt mir nicht meine blaue Muschel!« Es sind doch genügend Muscheln da. »Ich will aber die blaue Muschel!« Also hier ist doch ein ganzer Eimer voll Muscheln. Sortiert die mal aus den Kastanien heraus, dann habt ihr beide Muscheln. »Mama?! Ich komme mit dem Mathefuchs-Lernprogramm nicht zurecht!« Laurin, ich muss jetzt Kartoffeln schälen. »Mama?! Die Emma gibt mir nicht die Kastanien!« Und was ist mit den Muscheln? »Mama?! Ich muss aber ins nächste Level!« Laurin, nach dem Essen, O.K.? »Mama?! Da ist eine Spinne im Muscheleimer!!!!!« Gleich Mädels, ich komme. »Mama?! Holen wir jetzt die Playmobil-Sachen?« »Mama?! Können wir was trinken?« »Mama?! Wir haben Hunger!« »Mama?! Wir wollen jetzt die Fußnägel lackieren.« »Mama!!!!«

»Zum Henker, ihr werdet euch jetzt alle mit euch beschäftigen! Es ist fast drei und wir haben noch nicht mal gegessen und – autsch, jetzt hab ich mich auch noch geschnitten!« Nein, es ist keine gute Idee, ein neu gekauftes, blitzscharfes Wiegemesser einhändig und mit fettigen Fingern aus der Verpackung zu nesteln, während man überkochende Kartoffeln vom Herd zieht und Kinder zu befriedigen versucht. Mir ist zum

Heulen. Meine Hand blutet, das Geschirrtuch ist schon ganz voll und weil ich das Verbandsmaterial nicht finde, kommen mir die Tränen.

Als Charlie vom Baumarkt zurückkommt, findet er ein heulendes Elend, das mit der linken Hand schimpfend Kartoffeln stampft und vor sich hin murmelt: »Ich wollte heute etwas für mich tun! Ich wollte heute etwas für mich tun!« Er setzt mich behutsam in die Hängematte und sagt: »Ich hätte doch auch kochen können, warum hast du dich nicht hingelegt?« Und ich denke: Ja, warum eigentlich? Dann hätte es zu Mittag eben nur Brotzeit gegeben. Manche Mütter sollte man vor sich selbst schützen.

Als Emma abgeholt wird, habe ich nicht in meinem Buch gelesen. Dafür haben wir gegessen, alle haben lila Fuß- und Fingernägel, Laurin hat das zweite Level geschafft, Jonas kann seine Hose wieder zuknöpfen und die Muscheln und Kastanien sind sortiert. Das An-mich-denken muss ich, glaube ich, noch üben.

Fruchtbarkeitsfragen

Gespräche mit Kindern sind wie Geschenkpäckchen von Tante Maria: Es ist immer was Schräges drin. Tante Maria ist 82 und schickt jedes Jahr zuverlässig zwei Tage vor meinem Geburtstag ein Päckchen. Manchmal ist ein Schal drin oder ein Los der Aktion Mensch. Es gab aber auch Jahre, da bekam ich ein Pfund Kaffee oder einen Fotoband: »Deutschlands schönste Denkmäler«. Tante Maria einzuschätzen ist schwierig. Mittlerweile ist sie dement, was die Sache nicht unbedingt einfacher macht. Telefonate enden entweder mit »Grüße an die Lieben und gebt auf euch acht, die Straßen könnten glatt sein« (man verzeiht ihr, dass es mitten im August ist) oder mit »Ich kenne Sie nicht und am Telefon darf ich nichts unterschreiben«. Man legt auf und fragt sich: Wie kann ein Gespräch jedes Mal wieder so eine Wundertüte sein?

Zur Zeit muss ich viel an Tante Maria denken.

Vor allem, wenn ich Gespräche mit meinen Kindern führe, die einen ähnlichen Verlauf nehmen wie Telefonate mit ihr. Hinterher weiß man nicht mehr, wie man hineingeraten ist. Das kann manchmal wunderbar sein. Zum Beispiel wenn Marlena fragt: »Warum ist der Jesus gestorben?«

»Weil Gott ihn zu sich geholt hat.«

»Wollte der dahin?«

»Ja klar, beim Gott im Himmel ist es doch schön.«

Darauf Laurin fachmännisch: »Weißt du Marlena, vor allem konnte der Jesus dann mit einer Rakete fliegen und dafür musste er erst sterben.«

Manchmal können Gespräche mit Kindern aber auch so

aus dem Ruder laufen, dass man an den Rhetorikreferenten vom letzten Fortbildungsseminar denken muss: Könnte der nicht mal einen Kurs zu Gesprächsführung mit Kindern anbieten?

Wir sitzen beim Eierbemalen, bald ist Ostern. Laurin: »Mama, wer legt eigentlich die Eier?«

Jonas: »Haha, der Osterhase jedenfalls nicht.«

Ich: »Na, die Hühner!«

Laurin: »Aber ich mein doch die richtigen Ostereier.«

Jonas: »Die Kuh, haha, ist ja Milch drin in der Schokolade« (*schmeißt sich fast weg vor Lachen*).

Marlena: »Ich will auch Schokolade!«

Laurin: »Gehen wir dieses Jahr auch wieder Ostereier suchen?«

Jonas: »Such doch erst mal deine Eier, dann können wir weiterreden« (*fällt mittlerweile halb vom Stuhl vor Lachen. Oh Mann, diese Pubertät*).

Laurin: »Du bist blöd.«

Jonas: »Haste keine Eier in der Hose, häh!« (*liegt japsend auf der Tischkante*).

Laurin: »Und du hast keinen Sack!«

Jonas: »Doch schon, willste ihn sehen?« (Ogottogott, wie sind wir hier hineingeraten und vor allem: Wie kommen wir wieder raus?!)

Ich (*mahnend*): »Jonas, es reicht.«

Marlena, von Jonas' Show angesteckt, krümmt sich ebenfalls und kräht: »Au, meine Eier!« Aufmerksamkeit heischend hält sie inne, testet die Wirkung und fällt kreischend wieder in sich zusammen.

Die Jungs schütteln sich vor Lachen. Ich versuche die ausgeblasenen Eier auf dem Tisch in Sicherheit zu bringen.

Laurin: »DU hast doch keine Eier, Marlena!«

Marlena: »Doch!«

Jonas, prustend: »Dann schau mal nach in deiner Hose. Wie viele hast du?«

Marlena zeigt stolz, was sie immer zeigt, wenn die Frage »wie viele« an sie gerichtet wird: Drei Finger. Und zählt ab: »One, two, three!«

Jetzt kann ich auch nicht mehr und versuche zwischen zwei Lachanfällen herauszubringen: »Aber natürlich hat Marlena auch Eier. Mehrere Hundert Stück!«

Stille.

Jonas: »Wie? Wo?«

Ich: »Na, die sind bei Frauen bei der Geburt schon im Eierstock angelegt. Hast du das nicht in Sexualkunde gehabt?« Wir googeln und stellen fest: *Jede Frau besitzt von Geburt an 400.000 Eizellen, von denen im Laufe des Lebens 400 bis 500 heranreifen. Im Rahmen des Eisprungs verlassen sie den Eierstock und können befruchtet werden.* Wusste ich auch nicht.

Darauf Laurin, völlig verständnislos: »Mama, hast du Marlena dann auch als Ei gelegt?!«

Gespräche mit Kindern sind wie Geschenkpäckchen: es ist immer was Schräges drin.

Basteln

Beschäftigungstherapie im Kleinkindalter ist leicht: Man räume die Schublade unterm Backofen leer und fülle sie mit allerlei Kram: Plastikschüsseln, Wäscheklammern, mit Reis gefüllte Babyflaschen, die einen Höllenlärm veranstalten, aber effektiv sind. Oder – den Tipp gab mir mal eine Freundin – man kaufe eine Rolle Klopapier und lasse das Kind nach Herzenslust fetzen oder daraus einen Ganzkörperverband machen. Das macht zwar hinterher Arbeit mit Aufräumen, man kommt dafür aber dazu, vorher in Ruhe einen Kaffee zu trinken. Seufz. Wie einfach war das doch, als sie noch klein waren.

Heute sieht Beschäftigungstherapie so aus: »Mama, basteln.« »Schatz, bist du nicht müde gespielt vom Kindergarten? Du hast doch heute schon Fensterbilder gebastelt? Lass uns eine Runde puzzeln.« »Nein, basteln.« »Das Hello-Kitty-Puzzle, was meinst du?« »Basteln.« »Oder was lesen?« »Basteln.« »Oh Mann, das gibt wieder nur Sauerei. Was willst du denn basteln?« »Basteln.«

Als bisherige Jungsmutter ist man das ja nicht gewöhnt, dass ein Kind freiwillig nach Buntstiften verlangt und das noch jungfräuliche Malbuch des Bruders hinter dem Schreibtisch hervorzieht. Oder beim Anblick von Kleber leuchtende Augen bekommt. Ich selbst war nie eine große Bastlerin. Eine Handarbeitslehrerin sagte einmal verzweifelt: »Zwei linke Hände sind bei dir noch untertrieben.« Dementsprechend schlecht waren meine Noten. Legendär ein Wollschal, der vor der Klasse gezeigt wurde: als Negativbeispiel, wie man es NICHT machen sollte. Bei Klassentreffen sorgt die Erinnerung daran noch heute für Gejohle.

Also gut, wir holen die Bastelsachen. Wir müssen sowieso noch ein Geschenk für Tante Helgas Geburtstag machen. »Jungs, kommt ihr mal, wir basteln.« Gemaule aus dem Kinderzimmer. »Los jetzt.« »Marlena, warte kurz, ich such die Schere.« »Wo ist denn nur ... – Nein, nicht das Tonpapier so reißen.« Laurin fragt: »Und, was soll ich basteln?« »Hier, ich hab einen Bilderrahmen, den kannst du anmalen – was zum Teufel macht die Schere im Arztkoffer?! ... und Marlena bastelt einen Schnee- ... nein, nicht den Kleber aufmachen ... -mann.« Während die Kleine weiße Tonpapierschnipsel fabriziert, die ich mit fliegenden Händen zu halbwegs runden Kreisen schneide, flutet Laurin seinen Malkasten und taucht den Pinsel mit schwarzer Farbe in das Töpfchen, das mal rot gewesen sein muss.

Egal. Marlena ist schon beim Bekleben des Hintergrunds. »Nein, nicht da drauf. Hier, nimm den Karton.«

»MAMA! ALLEINE!!!«

»Ist ja gut. Nicht so fest auf den Kleber drücken. Pass auf den Ärmel auf, du hängst schon drin. Warte, ich hol ein Küchentuch. Nein, nicht die Glitzersternchen draufschütten. Herrje, wie sieht denn das jetzt aus. Bäh, nicht essen. Ja, und deine Finger sind voll. Jetzt wein nicht. Komm, wir gehen das abwaschen.«

»Maaamaaa! Die Farbe läuft! Komm schnell!«

»Laurin, ich bin mit Marlena im Bad!«

»Aber du musst JETZT kommen!«

Fragen Sie nicht, wie der Wohnzimmertisch und der Boden darunter nach solchen Aktionen aussehen. Denken Sie auch nicht an Ihre Bluse oder die Klamotten der Kinder, die Sie natürlich vergessen haben zu wechseln, auch wenn im Keller sieben ausrangierte Hemden Ihres Mannes hängen, die man

»ja mal als Bastelhemden verwenden kann«. Und falls Sie das alles noch vor sich haben und jetzt denken, diesen Wahnsinn überlasse ich pädagogisch geschultem, nervenstarkem Personal im Kindergarten, verrate ich Ihnen eins: Sie werden nicht. Sie werden wahnwitzige Kastanienmännchen herstellen und sich dabei mit Schaschlikspießen die Finger blutig pieksen. Sie werden Käseschachteln mit Transparentpapier bekleben, umständliche Kerzenhalter in Karton befestigen und sich dann beim Laternenumzug die Finger am Feuerzeug verbrennen. Sie werden nach dem 20. Mal Erlöschen wissen: im nächsten Jahr kein Kerzenhalter, sondern ein Plastikstock mit Batterielicht. Sie werden mit Ihren Kindern Goldpapiersterne anfertigen, Schweinchenmasken aus Papptellern schneiden und im Akkord Ostereier auspusten. Sie werden auf Ihre Vier minus in Handarbeit pfeifen und Schultütenbastelsets kaufen. Und sich mit anderen Müttern im »Feintuning« via Glitzerstift und Deko-Extras überbieten. Sie werden mit Wollresten verklebte Finger haben und die ein oder andere Brandblase vom Heißkleber.

Und sie werden es lieben.

Nikolaus

Männer spielen im Leben meiner Tochter noch keine große Rolle: Die Brüder sind für sie mal lustiges, mal lästiges Familienbeiwerk – je nachdem ob sie ihre Schwester durchkitzeln, damit sie den Kickerball hergibt, oder sie unterm Bett einsperren, während die beiden Kicker spielen. Und der Vater spielt sowieso die zweite Geige, stört er für ihren Geschmack doch immer noch im Ehebett und taugt noch nicht mal zum Miteinander-aufs-Klo-Gehen: »Mama abputzen!«, kommandiert sie entrüstet, wenn er das Badezimmer betritt. Töchter-Väter können einem in den ersten Jahren schon leidtun, aber das sagte ich ja schon.

Es gibt aber einen Mann im Leben meiner Tochter, der sie nachhaltig beeindruckt hat. Und das, obwohl sie ihn bisher nur einmal zu Gesicht bekam: der Nikolaus. In einem Anfall von weihnachtlichem Brauchtumsbewusstsein hatte ich vergangenes Jahr einen Nikolaus bestellt. Ich weiß selbst nicht wieso. Vielleicht, weil man mit jedem weiteren Kind traditionsanhänglicher wird? Vielleicht, weil man das in Reihenhaussiedlungen auf dem Land einfach tut? Vielleicht, weil mich die Reaktion nervte: »Wie – Ihr stellt nur die Stiefel vor die Tür?« Leider mache ich mir solche Gedanken oft erst im Nachhinein. Jedenfalls kommt hier draußen im Bayerischen natürlich der Krampus mit (eine Knecht-Ruprecht-ähnliche Gestalt, die die bösen Kinder bestraft, anstatt die Guten mit Geschenken zu belohnen wie der Hl. Nikolaus). Was ich zunächst nicht wusste. Auch nicht, dass der Krampus und Jonas alte Bekannte sind – hinter der Maske steckte der Hausmeister der benachbarten Sportanlage, der wusste, wer sich nicht an Rasenverbote oder Kabinenregeln hielt. Alles in allem war er gutmütig. Weshalb ich ihm auch verzieh, dass er dem Großen mit der Rute das Hinterteil tätschelte, als er Jonas dafür schalt, Regeln seiner Eltern und DER ALLGEMEINHEIT zu missachten. Marlena sah mit kugelrunden Augen zu und vergaß den Herrn fortan nie wieder.

Im JANUAR sagte sie: »Das war lustig, der Krampus hat den Jonas auf den Popo gehauen. Der Jonas hat gelacht.« Pause. Etwas später: »Warum hat der den Jonas gehauen?«

»Weil der nicht brav war.«

Oje. Was habe ich getan. Meine Tochter hat einen seelischen Knacks vom Nikolausbesuch.

Im FEBRUAR sagte sie nach dem allabendlichen Kampf ums Zähneputzen: »Mama, du hast mich angeschrien. Du warst überhaupt nicht brav. Des sag ich dem Nikolaus.«

Im MÄRZ sagte ich nach dem allabendlichen Kampf ums Zähneputzen: »Was wird bloß der Nikolaus aufschreiben?« Sagt sie: »Mama, der sieht des doch gar nicht, der ist doch im Himmel!«

So schlimm scheint es doch nicht zu sein.

Im APRIL fragte sie: »Wohnt der Osterhase auch im Himmel? Weißt du, das find ich gut. Da hat der Nikolaus auch ein Haustier.«

Im MAI sagte ich: »Nein, es gibt jetzt keine Schokolade mehr, wir essen bald zu Abend.«

»Ich will aber!!!«

Es folgte ein Trotzanfall, der mit »Scheiß Mama« endete. »Mar-le-na! Sagt man so was zu seiner Mama?!« Etwas später fragte sie kleinlaut: »Mama, hat das der Nikolaus gehört?«

Eigentlich ist er ja doch ganz praktisch.

Im JUNI erzählte sie dem Vater beim Nachhausekommen abgeklärt: »Weißt du, die Mama hat heute deinen Computer kaputt gemacht. Und die hat Scheiße gesagt. Der Nikolaus wird schimpfen.«

Oder auch nicht.

Im AUGUST sagte sie: »Mama, ich will mit der Kathi mal wieder Schlittenfahren und den Nikolaus einladen.«

Im SEPTEMBER sagte sie bei einer Bergwanderung: »Ich will eine Tanne für Weihnachten mitnehmen!« Papa (ächzt, er hat 900 Höhenmeter und ihr Gewicht im Kreuz): »Für Weihnachten?! Da haben wir aber noch Zeit.« Marlena: »Ich WILL aber jetzt.« Papa: »Ich hab aber keine Säge dabei!« Marlena: »Dann soll der Nikolaus ihn mitbringen, wenn er aus dem Himmel vorbeifliegt.«

Jedenfalls ist der Schaden nicht allzu groß.

Im OKTOBER sagte sie: »Mama, wenn du mich nicht fernsehen lässt, sag ich's dem Nikolaus und der kommt dann und nimmt dich mit.« Ich: »Das ist toll, dann geh ich mit dem Nikolaus zu den Englein in den Himmel.« Stille. Tränenausbruch: »Neineinein, nicht in den Himmel, Mama. Hierbleiben!«

Im NOVEMBER sagte sie am Abendbrottisch: »Laurin, du darfst nicht heimlich Gelbwurst essen, da kommt der Nikolaus und steckt dich in den Sack und dann ist kein Platz mehr für mein Geschenk.«

Bald ist Dezember und ich bin unsicher, ob ich den Nikolaus wieder bestellen soll. Die Nachhaltigkeit seines Eindrucks über das ganze Jahr hinweg ist mir doch etwas unheimlich. Ich trete ins Kinderzimmer, wo die drei einträchtig Spielzeugkataloge ankreuzen und für ihre Wunschzettel fleddern. Ich eiere herum, komme irgendwie zum Thema und frage: »Marlena, hast du eigentlich Angst vorm Nikolaus?« Sie lacht. »Nein, nur vorm Krampus, weil der den Jonas geschimpft hat. Hihi. Weil der Scheiße gesagt hat. Hihi. Aber du hast auch Scheiße gesagt. Hihi.« (Lacht sich kaputt. Sie findet es gerade toll, wenn jemand Schimpfwörter benutzt.) Kurze Pause. »Mama, ich muss dir was ins Ohr sagen.« Flüstert: »Der Jonas hat fick gesagt. Aber ich verrat's dem Nikolaus nicht.« *Seelisch stabil, würde ich sagen. Wo war doch gleich noch mal die Nummer?*

Feste

Seit zwei Wochen bin ich am Grübeln. Über den tieferen Sinn von Festen. Ich muss vorausschicken: Ich feiere gern. Hochzeiten, Taufen, die Geburtstage meiner Kinder (auch wenn ich danach froh bin, dass sie nur einmal im Jahr stattfinden). Ich lasse mich sogar auf Übernachtungspartys mit 12 pubertierenden Halbstarken ein oder feiere Fußballgeburtstage mit Balltorte, Torwandschießen und Wasserball-Kick. Selbst 70. Geburtstagen in der Verwandtschaft gewinne ich mittlerweile etwas ab, weil ich es wichtig finde, dass die Kinder auch den weiteren Stall kennen, aus dem sie sind, und unsere Verwandtschaft mit Namen kennen.

Das Einzige, was ich nie groß gefeiert habe, war meine Hochzeit. Und ich muss sagen, ich bereue es manchmal ein bisschen. In den USA spontan zu heiraten, mit Studentenausweis und Ringen aus dem indianischen Tattoo-Laden, war lustig, keine Frage. Aber das Fest dazu geht mir eigentlich bis heute ab.

Marlena will nun getauft werden. Seit der Taufe ihrer besten Freundin Hannah vor einem Jahr redet sie davon. Kein Kirchturm, an dem wir vorbeikommen, ohne den Kommentar: »Marlena auch taufen«. Eigentlich wollte ich damit noch warten, die Großen wurden auch erst kurz vor der Einschulung getauft und können sich noch gut daran erinnern. Ich bilde mir ein, dass sie dadurch bewusster mit der Sache umgehen. Marlenas Taufe wäre eine Gelegenheit, viele unserer Freunde einzuladen. Aber darf man die Taufe seiner Kinder zu einem Fest für die Erwachsenen machen?

Es gibt ja zwei Arten von Fest-Gastgebern. Die einen, die feiern, weil sie einfach die Leute wiedersehen wollen. Ihre Feste sind meist spontan, gern auch ohne Anlass, oder einem konstruierten nach dem Motto: »Wintergrillen soll voll in Mode sein.«

Und es gibt die anderen. Ihre Hochzeit wird zwei Jahre im Voraus geplant und ist unter 130 Gästen nicht vorstellbar, zur Taufe werden mehr Freunde als Verwandte eingeladen und die Hauseinweihung findet mehrfach statt: mit den Nachbarn, dem Tischtennisverein, dem Frauenchor, den Arbeitskollegen, dem Schwangerschaftskurs und überhaupt mit allen, mit denen man so feiern kann. Man zeigt, was man hat. M. und Ch. sind solche Menschen. Perfekte Menschen. In jeglicher Hinsicht. Ich war immer ein bisschen neidisch auf sie.

Doch dann erhielt mein Mann einen Anruf. M. am Apparat: »Hast du am Samstag in zwei Wochen Zeit?«

»Hey, schön von dir zu hören. Was wird denn gefeiert? Du hast doch keinen Geburtstag?«

»Nee. Ich feiere meine Scheidung.«

Schweigen. »Wie, was? Du und Ch.?«

»Ach, schon länger. Am Samstag hat meine Alte dann ihren letzten Kram aus meinem Haus geschafft und das wird gefeiert.«

Unfassbar. Sie waren schon zu Schülersprecherzeiten ein Paar. Die Harmonie in Person. Gewesen. Nach dem ersten Schock liefen die Telefondrähte heiß: Bist du auch eingeladen? Krass, oder?! Wer hätte das gedacht? Bringt man da was mit? Vermutlich Durst. Sind Frauen erlaubt? Ja, aber nicht die eigenen.

Es wurde ein rauschendes Fest. Mit vielen Menschen, mit viel Alkohol und Geschenken wie einer Großpackung Kondome, einem Single-Kochbuch und einem Gutschein für eine Kontaktanzeige. Und mit lustigen Spielen. Unter anderem war ein Hochzeitsfoto aufgestellt, das man mit Dartpfeilen beschießen konnte: Wer das Gesicht der Frau traf, bekam einen Schnaps.

Ch. machte übrigens eine Woche später ihre eigene Scheidungsparty: mit Männer-Striptease, einer Null-Kalorien-Scheidungstorte und einer Hellseherin, die gratis in den Händen der Gäste die Zukunft las. Als Geschenke gab's: eine Bratpfanne und eine als Nachttischlämpchen umfunktionierte Taxibeleuchtung mit der Aufschrift: FREI.

Bis vor zwei Wochen liebäugelten mein Mann und ich mit einem größeren Fest, um unsere Hochzeit nachzuholen. Irgendwie ist uns jetzt nicht mehr danach. Ich glaube, ich halte mich besser an Marlenas Taufe. Sie wird klein ausfallen.

Schwimmen lernen

So früh wie möglich einen Schwimmkurs zu machen bringt gar nichts, weiß ich jetzt. Damit gehen überehrgeizige Mütter baden. In jeglicher Hinsicht. Meine Geschichte lautet so:

Wasser ist nicht unbedingt mein Element. Bevor ich Kinder hatte (und einen Mann, dessen Leidenschaft Kajak-Slalom ist), kam ich gut ohne zurecht. Es wird für mich erst ab einer Temperatur über 30 Grad angenehm und sobald es in Nase oder Ohren dringt, suche ich das Weite. Weshalb meine Schwimmkünste auch nie über das Brust-Stadium hinauskamen.

Doch man will die eigenen Defizite ja nicht auf seine Kinder übertragen. Und angesichts des paddelnden Vaters, der es auch für eine gute Idee hielt, seine frisch Angetraute zum Liebesbeweis bei Hochwasser in die Obere Isar zu setzen (was bei Anfängern eher dazu führt, dass sie mit einem kreidebleichen »Nie wieder« aus dem Kajak steigen), dachte ich: Unsere Kinder sollten so früh wie möglich einen Schwimmkurs machen.

Laurin absolvierte in diesem Sommer seinen vierten. Und hat immer noch kein Seepferdchen. Vermutlich ist er genauso talentfrei wie die Mutter. Während mein Sohn, von zwei Schwimmnudeln gehalten, im Becken treibt und zur Fortbewegung immer noch Hundstritte benutzt, mime ich die Animateuse: »Den Frosch, mein Schatz, mach den Frosch«, schreie ich vom Beckenrand und frage mich, was sich seit dem Babyschwimmen eigentlich geändert hat. Schon im Alter von vier Monaten ließ sich mein Sohn von meinem Brainwashing »Na, ist das Wasser schön?«, »Spritzen ist lustig!«, »Toll, wir fahren Karussell« in keinster Weise beeindrucken. Er schrie wie am Spieß, sobald die Lehrerin mit ihrer rot geblümten Gießkanne ankam, um ihm Wasser über den Hinterkopf zu schütten. Bis heute geht Haarewaschen nur mit einer umständlichen Konstruktion aus zwei gefalteten Waschlappen und Taucherbrille.

Schwimmkurs Numero zwei sollte zur Wassergewöhnung dienen und fand im Alter von zweieinhalb Jahren statt. Ich wählte einen Kurs mit dem klangvollen Namen »Aqua-Kids« im Wellnesszentrum der benachbarten Kreisstadt und versprach mir Rosenduft und Spa-Atmosphäre. Stattdessen fand ich mich im fensterlosen Keller des angegliederten Altenheims wieder, wo wir in einem Becken, das nicht größer als eine Einzel-Garage war, unsere Kinder durchs Wasser zogen. Ich fragte mich jede Stunde, ob der Chlorgehalt des Wassers ausreichend hoch war, und gleichzeitig, wie niedrig er sein müsste, um bei meinem Kind keine Atemwegserkrankungen hervorzurufen. Zu allem Überfluss gab es auch noch zwei Mütter, die ihre Kinder in Baby-Neoprenanzüge zwängten und Dinge sagten wie: »Man kann Schwimmen nicht früh genug beginnen. Die Asymmetrie trainiert nicht nur die Motorik, sondern auch das Gehirn.« Wenigstens war die Schwimmlehrerin nett. An meinem Sohn ging auch dieser Kurs bis auf einen Dauerschnupfen spurlos vorüber.

Schwimmkurs Numero drei schaffte es, Laurin die Angst vor dem Wasser zu nehmen. Seither liebt er Schwimmbäder und Wasserrutschen, sieht aber überhaupt nicht ein, wieso er auch ohne Schwimmflügel schwimmen können soll. Ich finde, jetzt mit fast sechs Jahren könnte der Junge doch endlich mit dem Frosch beginnen. Paula, noch keine fünf, kann ihn schließlich auch schon. Wir machen gerade den vierten Kurs. Nein, das hat nichts mit mütterlichem Ehrgeiz zu tun. Ich will nur endlich, dass Laurin allein ins Becken kann.

»Super, Paula«, lobte ich in der vorigen Schwimmstunde, »hast du gesehen, du bist heute schon zwei Züge ohne Schwimmflügel geschwommen!« Wenn ich meinem Sohn schon nicht Beifall klatschen kann, dann eben seiner Kindergartenfreundin, die mit uns zum Schwimmkurs geht. Ich mag Paula. Paula auch mich. Doch mein Lob sollte uns zum Verhängnis werden: Ich kriegte mich gar nicht mehr ein und sprach nach der Schwimmstunde auf dem Weg zur Dusche weiter von Paulas großartigen Fortschritten – natürlich nicht ohne Hintergedanken, vielleicht würde mein Sohn ja davon angespornt. Paula wurde stolz und stolzer, hüpfte übermütig neben mir her, riss sich plötzlich von meiner Hand los und war mit zwei Sätzen im Wasser. Ihre Schwimmflügel noch in der Hand, starrte ich ihr hinterher und fühlte kurz, wie mein Herz stehen blieb. Japsend ruderte sie im Becken und rang nach Luft. Eine Sekunde später sprang ich dem Kind zu Hilfe. Als wir wieder am Beckenrand ankamen, klatschten die anderen Kinder Beifall und Laurin kommentierte fachmännisch: »Mama, du bist total nass.« Der herbeigeeilte Bademeister sah an meinen tropfenden Klamotten hinunter und meinte: »Schneller wäre ich auch nicht gewesen.«

Paula geht es nach dem ersten Schock wieder gut. Meinem iPhone, das in meiner Hosentasche mitgetaucht war, weniger. Es war im Eimer. Jedoch ein unglaublich freundlicher Mensch im Apple-Store hörte sich meine Geschichte an und tauschte es gegen ein neues: »Mit so einer Geschichte kriegen Sie das von uns umsonst.« Ein Glück, die Versicherung hätte nämlich nicht gezahlt.

Und mir? Geht es auch ... – danke der Nachfrage. Ich stehe weiter am Beckenrand. Und verkneife mir jetzt den Froschehrgeiz. Sollen die Kinder in ihrem Tempo vorankommen. Ich habe sowieso gelesen, Brustschwimmen geht vom Bewegungsablauf und der Hirnvernetzung her frühestens ab sechs.

Hausteufel – Gassenengel

Was habe ich liebe Kinder: Sie decken freiwillig den Tisch, sagen bitte und danke, waschen sich die Hände, schalten abends unaufgefordert das Licht aus, räumen verwendetes Spielzeug in Kisten und teilen ohne zu murren Süßigkeiten …

Nicht, dass ich es jemals selbst gesehen hätte. Doch es geschieht. Angeblich. Dauernd.

Oma schwärmt beim Abholen: »So lieb sind sie gewesen!« Und mir fallen fast die Augen aus dem Kopf, weil das Kind nicht nur eine geordnete Tasche wiederbringt, sondern auch gewaschene Haare. Bei Oma ist Duschen offensichtlich kein solches Problem wie zu Hause, wo es eine mittlere Familienkrise auslöst.

»Und am Ende haben sie noch aufgeräumt«, lobt die Nachbarin. Und ich frage mich: Warum kann mein Kind auf einmal Dinge in dafür vorgesehene Behältnisse räumen? Zu Hause führt die Bitte, doch aufzuräumen, zu einer nachmittäglichen Dauerszene, in deren Verlauf das Kind in regelmäßigen Abständen Jammerrufe wie »Ich KANN aber nicht« ausstößt und den sterbenden Schwan auf dem Kinderzimmerfußboden gibt.

»Hausteufel und Gassenengel« nennt man dieses Phänomen. Das nervt, doch solange sich meine Kinder wirklich nur zu Hause schlecht benehmen, komme ich damit schon zurecht.

Aber so ganz kann ich es nicht glauben. Zu Laurin, der als Dreijähriger schon keine Hemmungen hatte, beherzt an fremde Schränke zu gehen und Schubladen aufzureißen, wo auch immer er Gast war, sage ich deshalb auch heute noch:

»Sei höflich, bedank dich und lass die Finger von den Möbeln!«

Marlena, die nun auch ihre ersten »Alleingänge« zu Freundinnen unternimmt, ermahne ich: »Schön bitte sagen, warten bis du dran bist – und keine Modenschau!« Meine Tochter hat nämlich die Angewohnheit, sich durch die Kleiderschränke ihrer Freundinnen zu probieren. Abends beim Ausziehen finde ich an ihr dann das ein oder andere Kleidungsstück, das nicht uns gehört: »Hat mir die Emma geschenkt.« Was natürlich nicht stimmt und »von ihr völlig missverstanden wurde«, wie ich zwei Tage später wortreich und mit einer Tüte Gummibärchen bewaffnet beteure, wenn ich lila Einhorn-Unterhosen und Lilifee-T-Shirts wieder an die rechtmäßigen Besitzer zurückgebe.

Umgekehrt macht mich ein Schulkamerad von Jonas verlegen. Er sagt »Könnte ich noch bitte« oder »Dürfte ich vielleicht«. Er fragt: »Sollen wir beim Tischdecken helfen?«, wenn er zum Abendessen bleibt. Und er ordnet unser Schuhregal im Flur, wenn er kommt und keinen Platz findet, um seine dazuzustellen. Er ist mir unheimlich.

Seine Eltern sind besonders ausgeglichene Menschen. Neben der Mutter fühlt man sich immer ein wenig defizitär, weil sie zum Grillfest selbst gemachte Avocadocreme und Apfelschnecken mitbringt. Der Vater arbeitet in einer Versicherung und spricht sechs Sprachen fließend. Niemals hört man Gezanke oder Geschrei aus ihrem Haus. Die ganze Familie ist ein Traum.

Bei seinem letzten Besuch verließ uns Jonas' Freund etwas pikiert, weil ich zugegebenermaßen emotional auf die Tischmanieren meiner Kleinsten reagiert hatte. Man könnte auch sagen: Ich war ausgeflippt und hatte meine Tochter ziemlich angebrüllt. Als Jonas am nächsten Tag aus der Schule kam, meinte er: »Du Mama, der A. findet, du gehst ganz schön ruppig mit uns um.« Ich schämte mich und begegnete der Mutter fortan sehr vorsichtig. Wer weiß, was ihr Sohn zu Hause erzählt hatte.

Erst vor ein paar Tagen wagte ich mich aus der Reserve. Wir standen am Fußballplatz nebeneinander und schauten unseren Jungs beim Verlieren zu. Sie sagte: »Das war ein lustiger Abend neulich mit Jonas. Er hat wirklich Humor.« Ich sagte: »Dafür ist deiner gut erzogen ... wahnsinnig höflich ... immer Bitte und Danke ... da könnten sich meine eine Scheibe abschneiden.«

»Ach wirklich?«, fragte sie, »er kennt also diese Worte?« Ich schaute sie ungläubig an.

Sie erzählte weiter: Erst vorige Woche sei sie beim Direktor gewesen. Ihr Sohn hatte einen Stein geworfen. Mitten im Pausenhof. Gegen die Scheibe des Hausmeister-Büros. Von wegen gut erzogen. Nach diesem Gespräch war ich ziemlich erleichtert.

Jungsmütter – Mädchenmütter

Als Jungsmutter hat man es nicht wirklich leicht. Noch bevor das Baby geboren ist, erntet man mitleidige Blicke: »Na, da stell dich gleich mal auf Bauchwehnächte ein«, sagt die große Schwester. »Wenn er nach dir kommt – mit dem Kopf durch die Wand – dann zieh dich warm an«, sagt die Mutter. Und man selbst bedauert ein bisschen, dass man die Mädchenabteilung bei H & M nicht frequentieren wird.

Ist der Junge erst geboren, sieht man sich mit überholten Rollenklischees in Krabbelgruppen konfrontiert. »Hingefallen? Ach Jonas, ein Indianer kennt keinen Schmerz.« Aber wehe, er verteidigt sich gegen ein Mädchen: »Der Jonas hat die Marie geschubst!« Subtext: Also der Junge muss schon lernen, dass man Mädchen mit Respekt behandelt. Und weil man sich als Mutter nichts nachsagen lassen will und möchte, dass der Bube später mal die Tür aufhält und der Dame den Vortritt lässt, ist man immer einen Ticken zu vehement in der Erziehung, ein Quäntchen zu vorschnell. Mir ging das zumindest immer so. Denn wenn ein Junge die Regeln übertritt, ist er gleich ein Rüpel. Übertritt ein Mädchen die Regeln, hat sie die Regeln übertreten und fürs nächste Mal was dazugelernt. Mädchenmütter und Jungsmütter leben in grundverschiedenen Welten. Ich darf das sagen, denn ich bin eine Sowohl-als-auch.

Jungsmütter haben ein weiteres Problem: das der Kommunikation. Jungs erzählen zu Hause nämlich nicht, dass sie Lara-Sofie heute zu dritt an einen Baum gefesselt haben. Und sie nur frei kam, wenn sie sie küssten. Und sie berichten auch nicht, dass es in der Garderobe Prügel gab, »weil der Tobi dem Maxi seine FC-Bayern-Mütze weggenommen hat«. Wahrscheinlich, weil wir Jungsmütter so auf Hab-Acht sind. Und völlig berechenbar: Auch ein Erstklässler kann sich ausrechnen, was Mütter zu so was sagen.

Jungsmütter brauchen deshalb Quellen. Ich habe solche Dinge jedenfalls nur aus gut informierten Mädchenmütterkreisen erfahren: »Der Philipp hat letztens die Tür zur Mädchentoilette zugehalten – das Gewaltpotenzial in der Klasse ist bedenklich«, »Der Adrian klaut – er hat Emmas Roller ins Gebüsch geschoben«, »Die Jungs haben so viele Schimpfwörter gesagt, dass sie Pausenhofverbot bekommen haben«. – Als Jungsmutter lauscht man, fragt leise »War meiner auch dabei?« und duckt sich weg. Als Mädchenmutter genießt man den Wissensvorsprung, übertreibt vielleicht auch ein bisschen und spürt das Schaudern der anderen. Mir waren Mädchenmütter deshalb immer ein wenig suspekt.

Nun bin ich selbst eine und erfahre tagtäglich, wie das ist, Mutter eines mitteilungsbedürftigen Mädchens zu sein: »Mama, der Milan ist so gemein. Der hat ›Zicke‹ zu mir gesagt!«

»Ja und was hast du vorher gesagt?«

»Blödmann.«

»Aber Mama, der Finn hat heute mit Wasser gespritzt.«

»Bist du nass geworden?«

»Nee, der war als Erster nass, wir haben angefangen.«

»Und Mama, der Basti will mich nicht mehr heiraten, sondern die Emma.«

»Ja Marlena. Und gestern war es die Beatrice und vorgestern die Melina.« Mädchen können solcherlei Unterhaltungen in Endlosschleife führen.

Viel schlimmer ist jedoch töchterlicher Mitteilungsdrang folgender Art: Am Telefon (zu meiner Chefin): »Meine Mama kann grad nicht kommen. Die sitzt auf'm Klo. Des stinkt.« Am Spielplatz, laut über den ganzen Platz: »Schau mal Mama, das ist Paul, der Neue aus dem Kindergarten, seine Eltern sind getrennt.« (Der Vater des Jungen steht in Hörweite.) Im Kindergarten beim Abholen, die Gruppentür ist offen: »Mama, der Ali pupst immer.« Pause. »Und die Frau Stachl (ihre Kindergärtnerin) pupst auch. So.« (Sie ahmt einen langen, ausgedehnten Pups nach.) Äh, das will ich jetzt gar nicht so genau wissen. »Mama, die Celina hat erzählt, dass sie ihren Papa und die Mama nackig gesehen hat. Im Bett.« Und das noch viel weniger. »Die haben Sex gemacht.« Nein, man will das alles gar nicht wissen. Ich gestehe ganz offen, diese andere Welt der Mädchenmütter ist auch nicht leicht.

Geschwisterliebe

Es gibt ein Foto von meinen Kindern, das sehr anrührend ist: Die Großen sitzen nebeneinander auf dem Bett und halten die frisch geborene Marlena in den Armen. Unendlich behutsam blicken sie sie an. Sie blickt mit großen, dunklen Augen erwartungsvoll zurück. Es ist ein Bild, das ans Herz rührt, so versunken sind die drei ineinander. Das Bild wurde im Krankenhaus aufgenommen und vermutlich liegt es an dem euphorisierten Zustand so kurz nach der Geburt, dass ich die idealisierte Vorstellung von Geschwisterbeziehung, die ich zu diesem Zeitpunkt hatte, noch immer abrufen kann. An den ersten Rausch kann man sich ja meistens noch erinnern.

Jetzt jedenfalls, vier Jahre später, herrscht Katerstimmung. Von Behutsamkeit und Miteinander keine Spur mehr. Morgens im Bad geht es los: »Iiiihh, MAMAAAA! Die Marlena hat mal wieder gekackt und nicht gespült! Und hier soll ich mich jetzt waschen?!!« Jonas steht wutschnaubend in der Tür und erwartet eine Abrechnung. Weil ich ihm diese nicht liefere und stattdessen maule: »Dann spül halt!«, stampft er zurück ins Bad und knallt die Tür.

Mann, hat der wieder schlechte Laune! Aber ich bin jetzt mit Schulbrotschmieren beschäftigt. Außerdem hat Marlena gerade die halbe Müslipackung in ihre Schüssel gekippt und ist dabei, sich Milch über das Kleid zu gießen. Eine Minute später reißt Jonas die Tür wieder auf und brüllt: »LAURIIIIN! Deine Zahnpasta klebt noch an der Bürste! Mach die sofort weg!« Marlena kommentiert: »Selba schuld, selba schuld!« Laurin: »Halt die Klappe!« Zu Jonas: »Mach's doch selber weg!«

Toller Morgen. Und wie in Herrgottsnamen reagiert man jetzt als Mutter am besten? Zumal das Hirn gerade mit der Frage beschäftig ist: Salami oder Käse? Die Salami reicht nur noch für einen. Wenn der andere aber sieht, dass er Käse drauf hat, gibt's wieder Krieg. Heißt also: Schmuggeln. Was haben wir noch zur Ablenkung im Kühlschrank? Waren da nicht noch Milchschnitten? Das Ganze, während man einen Viertelliter Milchsee vom Tisch wischt und das Haferflocken-Schokocrunchy-Gemisch zu retten versucht. »Arschwanze«, tönt es aus dem Bad.

»Jonas, jetzt mach mal 'nen Punkt! Es ist ja nicht deine Bürste. Keiner kann was dafür, dass du wieder zu spät aufgestanden bist.« Ich bin genervt. »Der Jonas ist selber eine Arschwanze«, sagt Laurin, »der hat gestern von meinen Gummibären was genommen, ohne zu fragen.« »Überhaupt nicht wahr«, Jonas poltert die Treppe herunter, »außerdem hat der an meinem iPod gespielt. Mama, ich will jetzt endlich meinen Zimmerschlüssel haben. Ich brauche meine Privatsphäre.« Marlena: »Opfer, Opfer!« Jonas: »Du bist mal ganz still, du Zicke.«

Ich hätte jetzt gern einen Familiencoach an meiner Seite, der mir sagt, was zu tun ist. Oder sind wir schon ein Fall für die Familienberatung? »Ihr hört jetzt alle auf zu streiten und esst euer Frühstück, zum Donnerwetter noch mal!« Ich finde mal wieder keinen anderen Ausweg, als laut zu werden. Ich denke an meine Freundin, die Psychologin. Sie würde jetzt vermutlich sagen: Du musst deine Kinder in solchen Augenblicken in ihren Kompetenzen stärken. Du könntest so etwas sagen wie: »Ich bin sicher, ihr findet einen Weg der Einigung.« Sie hat gut reden. Manchmal kann ich sie nicht ausstehen.

Wenig später: »Scheiße, schon 7:13 Uhr? Oh Gott, meine Haare!« Jonas springt, den Toast noch halb im Mund, auf und läuft ins Bad. Marlena: »Mama, der Jonas hat Scheiße gesagt.

Jetzt muss er was ins Benimm-Schwein zahlen!« Laurin trocken: »Seit der verliebt ist, hat er nicht nur schlechte Laune, sondern auch keinen Hunger mehr.« Charlie ergänzt hinter der Zeitung: »Ich sag ja: Frauen gefährden Ihre Gesundheit!«

7:28 Uhr. Jonas eilt mit einer Tube Gel in den Haaren in den Flur, streift sich Jacke und Schuhe über, nicht ohne dabei 17 Mal prüfend in den Spiegel geschaut zu haben. Marlena baut sich vor der Haustür auf. »Ich bin keine Zicke!« »Biste doch!« »Bin ich nicht.« »Biste doch.« Wie war das noch mit dem Ideal von Geschwisterbeziehung? Sie betrachtet ihn eingehend: »Übrigens: deine Haare sind hässlich.« Oh Mann. Die ist vier Jahre alt. Wie wird das erst, wenn sie 14 ist?

Meine Psychologen-Freundin sagt: »Es gibt kein Rezept für Geschwisterfrieden, weil es ihn nicht geben darf. Das Rangeln muss sein, damit man lernt, seinen Standpunkt zu formulieren, ihn auszufechten oder gegebenenfalls nachzugeben. Das macht deine Kinder nur kompetent.«

Ich habe mir jetzt das Foto in die Küche gehängt. Damit ich dran glauben kann.

Schulreife

Es ist so weit. Marlena kommt in einem halben Jahr in die Schule. Und in Bayern geht Einschulen so: Im Herbst des Vorjahres gibt es den ersten Elternabend. Richtet ihn der Kindergarten aus, hat man Glück. Pragmatische Erzieherinnen erzählen, dass man sich keine Sorgen machen soll, die Einrichtung hätte alles im Griff. Ein bisschen mehr auf Selbstständigkeit achten, die Tasche nicht mehr hinterher tragen, die Schuhe allein anziehen lassen – und die Sache ist gebongt.

Gerät man in ein vom Kultusministerium gefördertes Modellprojekt, das zur Einschulung nicht nur einen, sondern sechs Infoabende vorsieht, hat man Pech. Dann findet man sich in einer überfüllten Turnhalle mit 200 weiteren Eltern von künftigen Erstklässlern wieder und vorn auf der Bühne erklärt eine Lehrerin: Still sitzen, Namen schreiben und Schleife binden – unabdingbar. Schließlich habe in der Schule keiner mehr Zeit, Kindern Turnschuhe zuzubinden. Förderung zu Hause wird erwartet, regelmäßige Vorstellung in der Sprechstunde als selbstverständlich angesehen. Und für die Hausaufgaben sind die Eltern zuständig, nicht die Lehrer. Nur damit wir uns gleich richtig verstehen.

Um das Ganze ein wenig weichzuspülen, treten nach der Lehrerin zwei friedensbewegte Montessori-Pädagoginnen auf. Sie sprechen von »Druck aus dem Elternhaus, der nicht sein darf«. Unter unseren Sitzen finden wir Kärtchen, auf die wir schreiben sollen, wie wir uns unser Kind wünschen, wenn es mit der Schule fertig ist. Ein Seil auf dem Boden symbolisiert den Lebensweg bis zum Schulende. Die Frau neben mir raunt ihrem Mann zu: »Die sind aber nicht aus einer Sekte, oder?«

Hat man die Einheit »Elternabend« überstanden, geht es im Januar weiter: mit der Einschulungsuntersuchung. Dazu kommt eine Ärztin vom Gesundheitsamt und untersucht jedes Kind mit verschiedenen Tests. Danach wird der Daumen gehoben oder gesenkt – Kind darf in die Schule gehen oder nicht. In den Wochen vor und nach diesem Termin sind die Erzieherinnen immer sehr aufgeregt, weil sie plötzlich feststellen: Der Laurin kann ja gar nicht schneiden! Der Johannes nicht rückwärts laufen! Die Marlena nicht zählen! Wenn man kein dickes Fell hat, landet man dann schnell beim Ergotherapeuten, denn das nachzuholen, geht nur mit fachlicher Unterstützung, wird einem eingeredet. Kinderärzte bemängeln seit Jahren die Hysterie rund um die Einschulung.

Weil ich das alles bei Laurin schon einmal erlebt habe, ließ ich mich diesmal nicht verunsichern, setzte mich mit Marlena einen Nachmittag hin und ging mit ihr die Aufgaben durch, von denen meine Tochter laut Vorschul-Erzieherin überfordert war. Mit einer Leichtigkeit zählt Marlena mir Mengen im Zehner- bis Zwanzigerraum vor, rechnet 15 plus 4 und scheint eher unter- als überfordert. »Warum hast du das bei Angelika nicht gekonnt?« »Weil ich in der Puppenecke spielen wollte.« »Marlena, wenn nächste Woche die Frau vom Amt kommt, musst du aber mitmachen, sonst darfst du nicht in die Schule!«

Tag X: Marlena zeigt sich der Frau vom Amt von ihrer besten Seite. Besteht Seh- und Hörtest mit links. Malt ein wunderschönes Haus mit Baum und Sonne und schreibt ihren Namen mit fast gleich großen Buchstaben. Doch dann – kommt der Sprachtest. Sie soll Sätze wiederholen: »Peter singt«, »Laura lacht«, »Peter isst ein Marmeladenbrot« – brav plappert Marlena alles nach. Dann: »Peter klettert auf einen Baum, pflückt einen grünen Apfel und hüpft von Ast zu Ast.« Meine Tochter wirkt verdutzt, dann ungläubig, dann gequält. Man sieht, sie ringt mit sich. Plötzlich sagt sie: »So ein Quatsch. Erstens isst man grüne Äpfel nicht. Und zweitens kann der doch nicht gleichzeitig essen und hüpfen.« Ich bin stolz. Die Amtsfrau nicht. Säuerlich macht sie einen Haken bei »schulreif« und entlässt uns mit den Worten: »Die Lehrerin wird ihre Freude an ihr haben.« Puh. Willkommen im System.

Eltern versus Kein-Kind-Paare

Mit Kindern bekommt man viel: viel Wunderbares, keine Frage. Aber man verliert auch ein paar Dinge: seine Unabhängigkeit, seine Unbedarftheit und so manchen Freund. Beim ersten Kind habe ich viele Freunde verloren. Diejenigen nämlich, die noch keine Kinder haben, können nicht verstehen, warum man am Telefon kurz angebunden ist, zwischen 18 und 20 Uhr schon gar nicht angerufen werden will und um 20.30 Uhr zu müde ist für einen Rückruf.

Sie sind pikiert, wenn man beim Besuch erst einmal ihr Wohnzimmer-Arrangement umräumt: Töpfe mit Blumenerde aus Kinderreichweite stellt oder die Holzschale mit den Dekokugeln auf dem Schrank platziert. Sie rollen die Augen, wenn man mit einem Dreijährigen über die Farbe des Trinkbechers diskutiert, als ginge es um die UN-Menschenrechts-Charta, und merken nicht, dass sie das Ganze befeuern, indem sie anbieten: »Wir haben auch noch einen blauen Becher. Und einen mit einem roten Doppeldeckerbus!« Und wenn man fragt: »Wo kann ich die Windel entsorgen?«, geben sie sich ganz unkompliziert: »Ach, einfach im Müll unter der Spüle«, um kurz darauf doch die Tüte mit spitzen Fingern aus dem Eimer zu zerren und in den Hof zu bringen.

Ich hatte nicht nur einmal das Gefühl, man war froh, als wir wieder aufbrachen. Und beide Seiten fragten sich beim Gehen: Wie viele Lichtjahre ist es her, seit wir zusammen im »Club« waren und über den Hintern des Barkeepers gelästert haben? Kein-Kind-Paare und Eltern sind wie Italien-Urlauber und Skandinavien-Fans: Sie passen nicht zusammen.

Meine beste Freundin gestand mir kürzlich, sie sei fast wahnsinnig geworden mit mir. Wir kennen uns seit der ersten Klasse, hatten die erste Barbie gemeinsam und den ersten Rausch, schwärmten zusammen für U2 und Mike aus der 10a und haben Herrn Ziegler überlebt, berüchtigter Lateinlehrer in Klasse 6 und 8. Doch als ich Kinder bekam, waren wir uns nicht mehr nah.

Sie sagte: »Eltern können einem ganz schön auf den Keks gehen. Sie versetzen einen permanent, fragen nicht, wie es in Paris gewesen ist, und gratulieren zum Geburtstag kurz vor Mitternacht per SMS. Stattdessen posten sie rund um die Uhr, was ihr Kleiner gerade Neues gelernt hat, laden auf Facebook rund um die Uhr Bilder hoch und erzählen allen, die es hören wollen oder auch nicht, wie sozial das Kind für sein Alter schon ist, wie intelligent, wie drollig, wie frech, wie motorisch begabt. Und sie haben zu viel Verständnis.« Unendlich viel Verständnis: »Jonas, bitte hör doch auf, deinen Becher auszuleeren«, »Schau, den Blumen tut das doch weh, wenn man ihnen die Blätter ausreißt«, »Schatz, könntest du bitte meine Haare loslassen?«. Sie fand, ein Machtwort habe noch keinem Kind geschadet.

Heute, drei Jahre später, sitzt sie mit ihrer Tochter im Flur ihres Reiheneckhauses und diskutiert über Schuhe: »Du willst deine Schuhe nicht anziehen? Warum nicht? Aber gelb ist doch eine schöne Farbe! Die hast du dir doch selbst im Laden ausgesucht. Sieh mal, Schmetterlinge sind gelb, deine Tasche ist gelb. Auch mein Schlüsselanhänger ist gelb. Das sind die schönsten Gummistiefel, die ich je gesehen habe. Warum magst du gelb denn nicht? Wir haben aber keine anderen Schuhe. Also gut, dann halt Turnschuhe. Aber es ist nass draußen. Wie, die magst du jetzt auch nicht?«

Meine Freundin und ich sind uns jetzt wieder sehr nah. Und während ich noch amüsiert die Szene beobachte, holt

Marlena genervt die Tüte mit unseren Alt-Klamotten, die wir mitgebracht haben. Sie angelt nach roten Gummistiefeln und sagt: »Da, zieh die an, wir wollen zum Seilbahn-Spielplatz!« Ein Machtwort hat noch keinem geschadet. Oder wie war das?

Danksagung

Ich danke Charlie, dass er ein so wunderbarer Begleiter ist, der uns (er)trägt und hält trotz aller »Geschichten«.

Ich danke meinen Kindern, die mein Leben so spannend machen, für ihre Toleranz und ihren Humor.

Ich danke Bini, Diana, Susanne, Sonja, Manja, Uli, Romy und all den anderen Müttern und Vätern, die mich mit ihren »Geschichten« gefüttert und inspiriert haben.

Ich danke Marie-Luise, und Oli, die mir das Vertrauen und die Gelegenheit gaben, *Die Grünebergs* zu veröffentlichen.

Und ich danke den Lesern, die mich die Jahre über befeuerten mit Kommentaren und Anregungen.

Ohne sie wäre dieses Buch nicht entstanden.

Träume werden wahr

**Pia Volk
»Mama, sind wir
bald da?«**
Mein Sohn und ich und
wie wir die Welt eroberten
240 Seiten | Gebunden
mit Schutzumschlag
ISBN 978-3-451-30927-4

Pia Volk, Autorin und alleinerziehende Mutter, folgt der Stimme ihres Herzens. Als ihr Sohn Paul zweieinhalb Jahre alt ist, durchqueren beide gemeinsam die Wüste Australiens von Süden nach Norden. Mit fünf kennt Paul die Nachtzüge nach Schweden und so ziemlich jedes Verkehrsmittel in Thailand – auch jene, die nie einen TÜV sehen. Ein bezauberndes Buch über zwei, die sich aufmachen, das Leben zu erfahren.

In jeder Buchhandlung

HERDER

Lesen ist Leben

www.herder.de

Willkommen im Kinderchaos!

**Sara Timothy
»Ich dachte, die Kleine wäre bei dir!?«**
Von Familien- und anderen
Stressgeschichten
224 Seiten | Paperback
ISBN 978-3-451-06691-7

Mit hinreißendem Witz und liebenswürdiger Ironie erzählt Sara Timothy von den Wirren und Freuden im Leben einer jungen Vollzeitmutter zwischen Windeln wechseln und Erziehungsratgeber lesen. Es sind Geschichten aus dem Alltag mit kleinen Kindern, gewöhnlich Situationen von verblüffender Absurdität. Lachtränen garantiert!

In jeder Buchhandlung

HERDER
Lesen ist Leben

www.herder.de